無聲的永恆戀曲

旅行在永晝時的北極天地裡

時間和煩惱猶如被遺忘的行李留在另一個空間

在北極,我儼然成為時間的主人

為了細細品味那海天的美景,我決定何時是我的日與夜

為了沉浸在歡樂之中,願意讓明天晚點過來

在塵世生活,日夜與時間決定了作息

在北極旅遊,我的作息決定日夜與時間

沒有白天與晚上的分隔

心靈擁有更豐富的每一分鐘

壓力和煩惱,就交給文明和塵世吧

此時此刻,我只想伴隨著大自然

傾聽北極訴說著動人的故事……

回想當初我踏上極地的第一步時,看著一望無際的白色風景,心底曾經默默想著:排除萬難、千山萬水而來,莫非只為這茫茫冰雪?當地港口小鎮超市所賣的東西,種類少得可憐,價格卻不盡平易近人。而愛斯基摩人外型分明和我們大

同小異，語言卻偏偏天差地別，連比手劃腳都不見得能夠溝通，北極狐並沒有想像中高大，其實迷你得像條狗……。凡此種種，一度讓我懷疑：極地的魅力究竟在哪？那時候的我，對眼前一切，感覺僅是一片索然！然而，不知從何時起，我與極地的情緣正悄然開展……。

此後，一次次的往返，學習放慢腳步讓身心沉浸在這片藍白大地，除了造訪極地的動物，也在一旁默默觀察體會。船隻即將進入北極極區，橫跨北極圈66.5度後，大家的興奮都寫在臉上，而船上的旅客雖各自在其專業領域占有一席之地，他們的背後也各有一段動人的故事，若非在此純然寂靜的氛圍中，可能一輩子也不會輕易向外人道出。這個曾經讓我一度懷疑的工作，逐步引領我細細玩味、思索而有了感悟！

何其榮幸，我能與這些千里迢迢遠赴極地、蘊藏著想要實現美麗夢想的人們相聚，在極地聆聽來自五湖四海的故事，和每一個心靈交會，也讓我了解：原來，我的心靈也可以那麼豐富。

常常有人會問我：為什麼選擇極地作為職場發展的領域？剛開始我也不明白，只是笑著說：「這是工作使然！」然而，隨著一次又一次進出極地，我漸漸聽到了內心的呼喊：「心」必先認定於斯，方可和它一同呼吸，一起成長，一塊

馳騁……那裡才是你真正想要放鬆歇腳的地方。我的心總是驅使我向前，一次次踏上極地之旅，原來我早已和白色大地一同呼吸，一同成長了！

十多年的累積，我從一個單純的旅人，成為豐富極地旅遊經驗的分享者；從年輕時的好奇與虛榮，到深刻體會極地的大山大水，可以讓人身心沉澱，是個能夠提供心靈療癒的地方。如今，我期待引領更多人圓滿他們對於極地的渴望與夢想，也成就驅策自己內心的那份使命感。繞了地球幾圈，這份遲來的領會，所幸為時不晚。

現在的我心中充滿無限感恩與感動，因為一路走來，都是一連串的機緣——在成長過程中，我的家人總是無怨無悔的全力支持我，讓我有更多的機會體驗這個世界；長大後毅然出國求學，讓我習得什麼是獨立成長與負責；因工作被派往極地，開啟我與南北極的情緣，也讓我結交許多良師益友——如果有人認為我至今稍有些許成就，這一切都是我該感謝的。

如果人生必定要走這一遭，我慶幸能生長在這樣的家庭，慶幸能出國求學，慶幸遇到許多的好朋友，慶幸成為一個擁有夢想的旅人，更慶幸有機會踏上極地，與來自世界各國的旅者相會與分享，讓我能夠將夢想得以繼續發熱發光、發光發熱……。

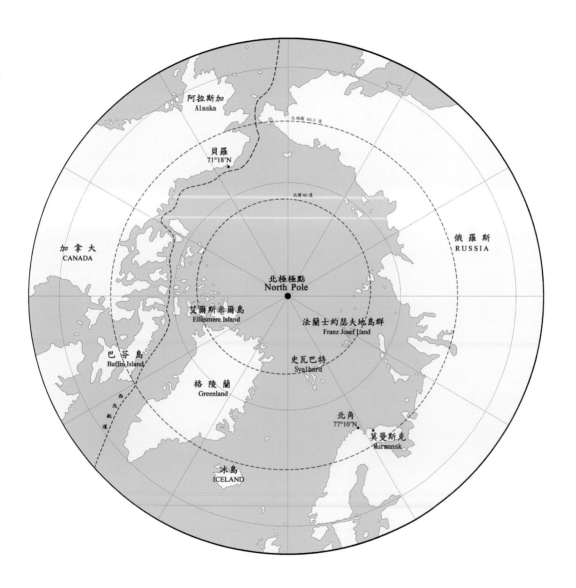

極 境
光 年

在北極圈與幸福相遇

　　經驗裡，偶爾會聽到有人說：探訪過阿拉斯加的「貝羅角」或挪威的「北角」，或傳說中「聖誕老公公的村落」，就代表他已經去過北極了！

　　真的是如此嗎？我微笑傾聽，內心卻靜靜思忖：如果真是如此，北極就不會讓歷史上那麼多的優秀探險家，屢屢傾盡畢生全力征服；更不會有那麼多的人願意用如此昂貴的代價，換得那十多天的心靈洗滌，因為真正的北極，不是那麼的狹隘渺小。如果你能抱著謙虛及真摯的態度來體會，北極，將會是你最接近幸福的地方。

　　所謂的北極，不僅僅限於一般人所認定的這些零星的「點」，正如傳說中的獨角獸與愛斯基摩，同樣只是冰山一角，無法涵蓋北極的所有層面。

　　我們若將整枚地球的表皮以赤道為界一分為二，剝離、攤平後濃縮成一張桌巾，北半球這片平面中，正北極90度即是圓心，外圍是無數個同心圓，北緯66.5度的北極圈上空是絢麗多彩的極光帶，被歐洲與北美大陸等國（包括俄羅斯、挪威、格陵蘭、加拿大、美國）所環抱的廣大冰洋及陸地，皆屬北極。北極圈和北半球七月時的攝氏10度等溫線大致一樣，又與北極樹線（氣候寒冷的條件下，不

可能生長樹木的界線）基本重合，因此都可以作為定義北極極區的標準。

　　講到「北極」，許多人最直覺的聯想就是「極光」（Aurora），這種絢爛的光影，讓古代愛斯基摩人（即伊努特人，Inuit）認為是引領死者靈魂升天的火炬，所以自古就有個悠遠而浪漫的傳說：「看見極光，將會幸福一輩子！」

　　極光是地球周圍的一種大規模放電的過程，來自太陽的帶電粒子到達地球附近時，地球磁場迫使其中一部分沿著磁場線集中到南北兩極，當它們進入極地的高層大氣時，與大氣中的原子和分子碰撞而激發出光芒，或藍或紫、有綠有紅，顯得層次豐富、變幻無窮。

　　尤其在黑暗的夜晚，身處無光害、空氣透明度高的地帶，肉眼即能辨識極光，每每都會引起觀者為之仰望驚嘆。許多遠征者更是不惜扛起沉重的攝影器材，心心念念只為捕捉這份瞬息萬變、千載難逢的美麗。

　　雖然世代的隔閡難以跨越，但在那時間猶如停滯不前的北極，每每看到極光，

我便感受到自己已經和古代愛斯基摩人心靈相通，因為那種「幸福一輩子」的感覺，也是我深刻感動的體會！

可惜的是，當我們遊走在永晝的北緯80度、90度，由於缺乏黑夜的映襯，邂逅極光的機率趨近於零。不過，是否越難以企及、越難掌握的事物，往往越讓人魂牽夢縈。其實，只要懂得珍惜身旁的簡單美好，就算未曾親眼目睹極光，幸福的色彩就在你我的指尖盤旋，且看我們是否能夠及時把握。

66.5°N

挺進極區
High Arctic

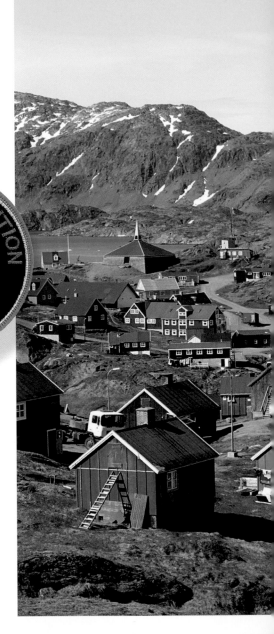

走向茫茫的北冰洋，

冰山白熊點綴那漂泊無垠的冷，

和鯨魚一起在蔚藍中驚濤拍浪，

和海鳥一道在天空中自由飛翔，

那裡的風，瑟縮得像一把利劍，

那兒的夢，甜美得令人墜落……

探險家未竟的誓約

　　從加拿大的魁北克搭乘包機，直飛集合的地點瑞斯陸（Resolute）；從登機開始，那種冷冽的感覺，讓生活在世界其他城市的我們感到「就連空氣都不一樣了」，尤其是第一次參加這類行程的團員感覺更為深刻，「從這一分鐘起，我們要去個永生難忘，而且不一樣的地方。」

　　事實上，讓人印象最深刻的是，就連飛機上的餐點也是冰的！一直到集合地點瑞斯陸的旅館後，總算有熱茶、熱咖啡可喝，才稍微讓大家的身子感到暖和一些。

　　瑞斯陸，一個名為「沒有曙光的地方」，我們將搭乘的破冰船就是由這個位於加拿大北極圈內北緯74度42分、西經94度50分的小鎮啟航。鎮上的設施都很迷你，有迷你的餐廳、迷你的教堂，還有迷你的機場，全鎮居民僅約兩百人。因為接近磁北極，這裡是2008年「磁北極大挑戰」（Polar Challenge）賽事的集合點，挑戰的目的地則為曾是磁北極的北緯78度。

我們踩踏著探險家的蹤跡前進，向東航向以白鯨（beluga）和北極鯨（bowhead whales）聞名的蘭開斯特灣（Lancaster Sound）。此刻，前方都是浮冰，偶爾也會看到一些大冰山，舉目所見完全是極地奇景。當破冰船沿著美麗的海岸行駛時，遠處白雪覆蓋的山峰在陽光下閃閃發光，彷彿還能聽到北極的冰天雪地向我們發出遠古的召喚。是的，我們來了！且讓我們靜心領略這份大自然的奇異恩典。

破冰船行駛在蘭開斯特灣，灣內偶然可見在浮冰群間出沒的鯨魚，或是遊走冰上覓食的北極熊與海豹，不過映入眼簾的，大都是些靜靜地漂在海上、奇形怪狀的浮冰。北極那誘人的風貌，不僅在於引人入勝、波瀾壯闊的神秘浩瀚，而是那種深觸內在的心靈悸動，正如北極熊兀自在冰上踱步的身影，那份滄桑的美感，才真正的吸引了我。

眼前所在之處，埋藏著19世紀北極探險隊的悲劇，這也是英國最精銳的富蘭

克林爵士（Sir John Franklin）船隊，最後出現在世人眼簾的地點——與兩艘捕鯨船會合後，再也沒有人見過他們的蹤影。

　　時空頓時將我拉回1843年的大航海時代，那時人們相信：世上存在著一條可以從格陵蘭繞行美洲大陸北部通往白令海峽直達亞洲、可大幅縮短大西洋至太平洋航程的夢幻通路——「西北航道」。英國皇家海軍積極物色足堪領導這支夢幻隊伍的人選——當時已退休且年近六十的富蘭克林，他雖已擁有功名利祿和美麗的妻子，卻為了探查這條無法證實的西北航道的夢想，而接下這個艱鉅的任務，親自率領幽冥號（Erebus）和驚恐號（Terror），於1845年光榮啟航。兩艘船艦駛離英國的那年夏天，還有音訊傳來，但此後半年幾乎音訊全無；不論是幽冥號或驚恐號，乃至富蘭克林爵士或船上任何一位船員，宛如人間蒸發，杳無聲息。

　　如今面對風平浪靜的海灣，不時讓我思索：人類是否往往由於未知而產生恐懼，卻也因為無知而冒進勇敢？正如每當破冰船從繁華地帶逐漸航入靜謐的所

北冰洋

Ellesmere
Island
艾爾斯米爾島

Greenland
格陵蘭

Qaanaaq
魁那克

史密斯灣

巴芬灣

Devon Island
德文島

Lancaster Sound
蘭開斯特灣

Resolute
瑞斯陸

巴芬島
Baffin Island

藍色的千年玄冰靜靜地漂在海上。

在，我們一方面享受這美好夏天所帶來的寧靜，以及極地巧斧天工的景緻，卻總有一絲不安，輕輕揪住潛意識中那根細微神經，因為下一秒即將發生什麼？是驚喜還是驚嚇？似乎總在一線之間！遙想探險隊員為了完成使命，前仆後繼地到此度過極地寒冬，在這遠離塵囂的冰封仙境，他們浩浩蕩蕩的逐冰而來，是想征服這片神秘大地，以完成人類拓展版圖的野心，還是奮不顧身的想要超越自己，只為一圓極地探險的夢想？

但老天爺卻和他們開了一個大玩笑。一位經驗豐富的北極探險隊長、兩位身經百戰的船長、兩艘世上最先進且堅固的蒸汽動力船艦，以及一百多位船員和足夠支撐三年的糧食，帶著突破以往的現代破冰技術，大家懷抱著雄心壯志向北航行，結果卻一去不返，連人帶船為極地的惡靈所吞噬。一向以「日不落國」自詡的大英帝國，即便做了萬全準備，連號稱當時「世上最強」的英國皇家海軍，懷抱勢在必得的豪情出征，末了卻只能證明：渺小自滿的人類，依舊無法掌握大自

然瞬息萬變的脈動！

　　有人說，極地像一隻惡靈，在不知不覺中侵蝕了探險隊員的心靈，但也許這惡靈其實不是極地，而是潛伏在每個人內心的狡詐、貪婪、甚至殘暴……為達目的不擇手段的各種負面能量，不時地在黑夜中流竄，在險惡慘鬱的環境下張牙舞爪，讓深藏於人心最陰暗底層的恐懼一一浮現。然而極地卻以它黑白分明的眼眸，冷眼凝視著來自文明世界、渴望征服它的人類。

極地裝備

在船隻啟航前，每位乘客都須參加救生演習，以確保乘客們都能熟悉緊急的逃生指示。況且北極圈內大多沒有碼頭停靠，常須換搭登陸小艇，我們一般都會穿著排汗衣，並穿戴禦寒防水的雪衣和輕便的救生衣，腳上則有保暖襪，再套上長至膝蓋的防水雪靴，頭戴保暖帽，手上則有防水保暖的手套，萬無一失的防護，讓大家不會因酷寒而失溫，之後則依序在船梯處集合，搭上登陸小艇尋覓北極熊的蹤跡。

鍥而不捨的愛的追尋

　　從隊伍失蹤的那年起，珍恩・富蘭克林（Jane Griffin Franklin）便不斷的往來奔波。身為倫敦富商之女，她用盡各種方法，不計任何代價請求救援，協助搜尋夫婿富蘭克林的下落，即便如此，還是沒有人找到任何一位生還者——直到1851年才在畢奇島（Beechey Island）發現三名船員的墳塚，顯示這兩艘船曾於1845年連續兩年在此過冬，卻未留下任何線索告知航向。

　　多年後，這個難解之謎才逐漸清晰：一位被派遣至極地探勘的醫生與一個愛斯基摩人在布西亞半島（Boothia Peninsula）不期而遇，愛斯基摩人描述著他曾經目睹一群白人向西行走數天後，因為飢餓而死，而這群愛斯基摩人所使用的銀器上，鐫刻著來自幽冥號軍官的雕飾。於是醫生將證物和訊息帶回家鄉，在不斷的探詢和轉述中，愛斯基摩人描繪那些殘手缺足的屍體和遺留的物品，以及隊員們為了生存如何的互相殘食……，這使得探險隊的全軍覆沒，無形中變得更加陰森可怖，驕傲的皇家海軍部試圖掩飾這駭人聽聞的消息，希望這起意外事件逐漸

格陵蘭島上水波如鏡，配襯五彩繽紛的建築，宛如一幅畫。

浮出海面的鯨魚是北極常見的景色。

為人們所淡忘，然而堅持要尋獲丈夫遺體的珍恩，始終不願放棄。

老天爺像是聽聞了珍恩夫人的呼喊，在布西亞半島上，救難隊聽聞一些愛斯基摩人陳述，他們曾於1848年見到一群飢寒交迫且身患疾病的白人，好像是遇難船隻的生還者，狀況狼狽的拖拉著僅存的小船往南到了此地。

據說各路探險隊有個傳承：不論遇到多大的風雪或是再艱難的路程，總會在途中留下隻字片語的紙條，或是擺設做為地標的石堆，以備一旦為冰雪所困或遭遇不測時，救難隊可藉沿途的蛛絲馬跡判斷搜救的方向，或是可將真實情況還原，呈現於後世——其作用相當於飛機的「黑盒子」。救難隊循線找到這些隊員的蹤跡，並沿路追蹤至勝利角（Point Victory），就在這個海岬，他們發現12年前失蹤水手們在此建造的石標，裡面躺著三份探險隊留下的紙籤，確定富蘭克林已於1847年去世，最後所有的隊員也相繼死亡。

歷經一個世紀，這支夢幻隊伍覆滅的最終原因才被揭開：這是一場集結了疾

病、饑餓、食物中毒，以及疑似人吃人的連環慘事。當時的罐頭食物缺乏維生素C，引發了壞血病，探險隊員的皮膚、牙齦以及黏膜上陸續產生出血點，臉色蒼白、情緒低落，有時還伴隨著某種程度的幻覺，慢慢地虛弱衰竭而亡。而更有傳言流傳著，因為承包商泯滅良心，讓活命聖品的罐頭成了致命的毒物。最後探險隊全軍覆沒，只留下船長記載探險隊末路的石碑，靜靜地躺在陌生的北國異鄉。

　　我的腦海中浮現著富蘭克林的悲劇，再回神靜觀眼前的蘭開斯特灣，景色似乎平添了幾許淒美和滄桑，分不清是極地的冷肅氣氛，讓富蘭克林的故事變得悲壯低迴；亦或是故事的情節，引我遙望蘭開斯特灣的視野裡，斟注了一掬熱淚。心中默然，只願海中的獨角獸「極區角鯨」（Narwhal），能夠引領富蘭克林和探險隊員們的魂魄，抵達人們夢裡的西北航道。

探訪獨角獸的故鄉

當破冰船航行於格陵蘭島附近，我佇立甲板，遙望島上五彩繽紛的建築時，海中突然出現一支尖刺，就像騎士的長矛一般，自海面穿破衝出，氣勢雄偉的在陽光下閃閃發亮。這是我和獨角獸——極區角鯨的第一次接觸。

倘若閱讀冒險家們的遊記是你的興趣，那麼你會發覺：並非每個傳說，最後都會被人類戳破。無論是長毛矮人、獨角獸，或是冰雪的故鄉……，探險者從極地帶回的奇聞軼事，只會讓格陵蘭的神秘面紗變得更為撲朔迷離。

不論是童話故事裡居住在冰洞中身軀龐大且美麗非凡的白色角馬，或是作家筆下嬉戲於格陵蘭島浮冰間、交配纏綿且姿態萬千的奇珍異獸，皆是北極的寵兒——極區角鯨。從他人筆下或口中得知的傳聞，固然多了一分想像空間，但莫過於眼前這活生生的美麗生物所賦予我的真切感動！

破冰船沿著西部向北航行，行經格陵蘭西北角的圖勒區（Thule），這裡的面積相當於德國大小，卻僅只有上千居民。魁那克（Qaanaaq）是圖勒的行政管理

波光粼粼，讓格陵蘭的神秘面紗變得更為撲朔迷離。

中心，鎮上櫛比鱗次的丹麥式住房，像是乾淨的度假小屋，機場、醫院、郵局、商店、銀行和博物館都一應俱全，可說是格陵蘭島上獨樹一幟的現代化城鎮。

　　魁那克可以說是極地探險中較有規模的城鎮，也幾乎是整趟旅程的必經之地，當地居民非常熱情，我們搭乘的登陸艇逐漸靠近時，安靜的海岸邊突然熱鬧滾滾，當地居民穿著北極熊或馴鹿皮製成的服飾與海豹皮靴，熱情地盛裝迎接我們。此時還可看到大塊鯨魚肉在寒風中晾曬，當地居民也常邀約旅客至家中，品嚐他們特製的魚乾、茶和各式在地飲食，只可惜時間有限，我們無法久留，否則還真希望能在這兒住上幾天，盡情體驗在地生活的不同風味。

　　居住於島上的居民大多為伊努特人的後代，他們擁有蒙古人種典型的特徵：黑眼寬鼻配上又黑又直的頭髮，每次見到這些黃種人，總覺得一見如故；居民大部分是以捕魚為生，每年都會舉辦狗拉雪橇的競賽活動。此外，狩獵也是居民賴以維生的方式，冬天狩獵時，他們會穿戴手工製的北極熊毛皮衣、馴鹿皮製的禦

魁那克小鎮街頭即景。

寒連帽外套和皮靴保暖，日常生活以海豹、海象、極區角鯨和馴鹿為主食，而划著獨木舟捕獵極區角鯨則是他們特有的傳統。如今，在格陵蘭島附近航行時，仍會看到伊努特人獨特的獨木舟翻滾表演。也難怪遠赴極區旅遊時，常會安排獨木舟的泛舟活動，想必是為了讓旅客也能體驗在冰河中巡弋，自在徜徉、以天地為家的滋味。

　　雖然此時氣候和景色依舊寒冷，但我的心情卻十分溫暖；雖然我們生活的環境截然不同，但是卻有相似的外表和熱情的心；雖然身處異地，這時的我感覺就像和老朋友聚會一樣快樂；雖然彼此之間語言不通，但透過比手畫腳，仍能體會溢於言表的關懷之情。

白色世界

在格陵蘭西北角的圖勒區，放眼望去皆是一片雪白，也許正因為伊努特人生長在這麼簡單的環境，「純樸真實」是他們給我的感覺，雖然極力向我們表示友好及熱情，但仍難掩內心的羞澀。

狗拉雪橇是重要的交通工具之一，但是這些雪橇狗可不是那種可以玩賞逗趣的小狗，就算是卸下重任在雪地上休憩，氣勢依然威猛，眼神依然炯炯，所以當主人不在時，我們這群外地來的旅者完全不敢靠近逗弄。

海冰上以雪磚堆砌成橢圓屋頂的「圓頂雪屋」（igloo）顯得相當別緻，總能吸引大家的目光。這種小屋幾乎都建有入口通道，可防止寒風灌入，再搭配高起的床台，以皮製內襯裝接屋旁的融雪，並以燃燒海豹油脂的滑石油燈取暖。夏天時，村落的居民就移至海豹皮縫製的帳篷內居住。

為了禦寒，伊努特人的飲食離不開肉和油脂。他們較喜歡吃剛獵殺的海象或海豹肉，因為既新鮮又可讓身體暖和，維生素C的主要來源則是獨角鯨和北極鯨

伊努特孩子童真歡樂的生活點滴。

的生皮，它的 C 含量足堪與柳橙媲美，至於生海豹肝則提供了維生素 A 和 D。如果碰上需要煮食的冷凍肉品，他們會運用簡單的工具，將挖空的石頭或防水的海象皮製成鍋子煮食，這種與自然長期相處而來的一種不與人爭、不逆其勢的生活智慧，豈是來自文明世界的現代人所能領會。

　　然而，在深入了解伊努特人的同時，也深深感受到當地居民的一種無奈。以打獵捕魚維生的民族，往昔可以憑藉這些工作，無憂無慮過著簡單快樂的日子。但曾幾何時，單純的生活不再，他們只能向現實社會妥協，這也讓傳統文化飽受威脅：現金交易取代了以物易物；為了鼓勵工作，規定一個家庭至少需有一人受雇，方能享有電力、彈藥、打獵用的來福槍等資源。不知是男尊女卑的意識作祟，或是基於現實考量，伊努特的婦女們，為了讓家中壯丁能繼續從事他們熱愛的狩獵，紛紛選擇依規定外出謀生，無形中逐漸喪失了汲取鯨脂、縫製皮衣等既有的手工技藝。

伊努特人表演翻轉獨木舟的技藝。

　　身為一個現代女性，對自己的一切都擁有自主權，相較於伊努特婦女這種不得不為之的轉變，讓我思索文明社會對傳統文化的衝擊和影響，究竟是利是弊？這些叩問，在我心頭反覆激盪，平添幾許惆悵和迷惘。

　　往返極地多年，驀然回首，人生的輪廓才漸次清晰。身為極地的短暫過客，在這一刻，我終能深切體悟：順應天地、不忮不求的簡單生活，是北極當地住民教我的事。

伊努特人

伊努特人其實就是大家所熟知的愛斯基摩人。說起「愛斯基摩」，腦中浮現的不外乎毛皮、雪屋，或來自影片中鑽木取火、茹毛飲血的意象。殊不知「愛斯基摩」源於「eskipot」一詞，為北美印地安人取的名字，意思是吃生肉的人。現代意識抬頭後，他們認為這個稱謂有所貶抑，因此自稱「伊努特人」，即人類的意思，因為「人」是生命王國至高無上的代表。伊努特人其實並非格陵蘭的原住民，幾千年前，即有不少族群從美洲越過加拿大極區，踏上這個充滿迷思的土地，考古學家根據古工藝品出土遺址和語言，將早期文化分為許多不同時期。但若要用一個詞來總括形容伊努特民族，「獵人」應該是最貼切的詞彙了。

極地秘境

格陵蘭島西北端的約克海角（Cape York），早晨的氣溫大都在攝氏5度左右，風和日麗，海面上水波如鏡，遠遠望去那些散落的小村莊，宛若鑿建於成千上萬塊浮冰上的許多洞窟。村莊背後的高山，在陽光下耀目生輝，垂掛山面的巨大冰川，好像正順著山谷這個天然的大溜滑梯往下奔馳。船長設法將船隻盡量靠近，大夥依序坐上登陸小艇，上岸參觀約克海角這個遙遠的村落。

因為約克海角並非極地之旅的必經之地，所以維持了當地住民的日常生活形式，並沒有太多刻意開發的面貌。當我們抵達時，好奇的居民紛紛在屋前現身，他們的身影沐浴在溫柔的日光下，迎接我們這些來自異域的人們。

走在這小村莊裡，我們細細聆賞這些與大自然搏鬥的生命經驗，沿著村裡唯一的小路漫步，卻在村落後的山坡上，赫然發現最柔軟的天然地毯——這短小不起眼、約略只有指頭大小的綠色苔原，正以盎然的姿態，靜默迎賓。

幸運時，晴空萬里、微風拂面，我們盡情欣賞古老冰川和大海相接的壯麗景

大自然鬼斧神工的雕塑作品。

灣內偶然可見在浮冰群間出沒的鯨魚，
和那些漂在海上奇形怪狀的浮冰。

觀。直升機來到冰帽頂端，極目遠眺，萬年冰川如瀑布般傾瀉到大海裡，遠處的冰山大小各異、錯落起伏，這裡海面甚窄，是格陵蘭島距離加拿大最近的地方，不遠處，正是加拿大冰山。下了直升機，登上小艇穿梭於冰帽腳下的蔚藍冰山，大自然的風潮，把冰山雕琢成玲瓏晶透的溶洞，有的恰似巨大蘑菇，真是變化萬千。當小艇接近冰川底部時，我才赫然驚覺：在飛機上俯視，以為是在同一平面的冰川與海面之間，原來有著二、三十公尺的落差，有如峭壁般令人震懾，真是令人嘆為觀止。這些冰川的年代極其久遠，乍看似刀削斧劈的巍然之勢，不禁油然升起一份敬畏之感。

　　往南抵達無人居住的德文島（Devon Island），氣候格外嚴寒，不僅讓伊努特人不願定居於此，風化作用與植物的生長都被限制到了極點。在凍結的時空中，德文島就像一個超大型的活化石區塊，存在於時間洪流之外，無論是遠古時代廣闊湖泊乾涸的過程，或是流星降臨地面帶來災害的記錄，德文島都將這些原始物

小艇穿梭於蔚藍冰山間，大自然的風潮，把冰山雕琢成玲瓏晶透的溶洞，變化萬千。

相與軌跡忠實地保存下來，並展示供大家欣賞。

回想一路上美景俯拾即是，大多數時間，我們的興奮和熱情溢滿整片心海。而浮不上水面的某種劇烈情感，終究在踏破冰層的剎那，一股腦宣洩開來，佔據了我所有的意識。人類實在太渺小了，小得無法單憑自己的力量存活。但天地萬物，孰非如此？正因明白這一點，所以萬物彼此和諧共存。這份最原始也最純然的愛，我卻非得在這最杳無人跡的地方才能驀然感悟。剎那間，百感交集。

大自然憑藉蘭開斯特灣的風浪，嚇阻闖入的不速之客，用酷寒嚴峻的氣候關上德文島的大門時，或許我也曾對它的殘酷感到不服氣，但，這難道不是對我們的一種寬恕？畢竟，它並非以天崩地裂、暴雨狂雷的樣貌，終結我們的生命。港口近了，歡送我們的鯨群也一一散去。我心底明白：下回再踏上這片土地時，或許這裡的景觀已不復見。那麼，至少讓已找回自然感動的那份心，帶領大家重拾對這個世界的愛與關懷。

維京精神

　　來到格陵蘭，提到伊努特人，就不能不提到比伊努特人更早生活在格陵蘭、曾經叱吒一時的維京人──這是個充滿探險家、武士、商人和海盜的民族。

　　小時候略顯超齡的我，關注的事物都和周遭夥伴不同，也不熱中漫畫卡通，惟獨對《北海小英雄》印象深刻！故事中，北歐布蘭村的水手們由黑龍船長帶領出航，靈魂人物也是船長的兒子小威，聰明過人，只要摸摸鼻子，就能想出怪點子，運用智慧幫助水手們度過難關。村裡的男子個個頭戴一雙牛角的鐵盔，船長的脾氣非常火爆。長大後，才明白原來這可愛逗趣的卡通影集，描述的正是維京（Vikings）海盜船的故事。

　　古代的北歐，一般人聯想的畫面是壯碩的維京人扛著巨斧、駕著戰船出征的景象，對於他們的認知也只停留在巧取豪奪。其實，維京人雖是未開化之民，老是不按牌理出牌，當大舉來犯時，卻非挾著千軍萬馬，而是憑藉絕妙的好點子。通常，維京人的船隻小又不起眼，但速度極快，並能搬上陸地長途跋涉，這種設

在冰島首都雷克雅維克海邊的維京船雕刻，即是當年探險家登陸的遺址。

計理念其實很簡單——可以針對敵方攻其不備、大肆掠奪。在維京人勇猛的外表下，冒險犯難的精神不死，執著於戰鬥的生存法則。

隨著歷史演進流傳至今，維京人的後裔也將這種精神發揮得淋漓盡致，但這回不再打家劫舍，卻是以傳承精神和靈活創意，打造出IKEA、LEGO及ABSOLUT伏特加等知名品牌，成功占領全球市場。這些經驗實際上都是來自維京人代代相承的文化遺產。學習維京人的智慧、依循維京人的路徑，就是以不同方式活用手上的資源。

如果要提到維京精神是什麼？我覺得就是「創意、不懼挑戰、積極侵略性」的精神；但是相較於現代維京的泱泱風範，歷史上傳統維京人卻囿於既有的文化價值和生活方式，過於自我設限，不知如何應變，導致未能通過環境的考驗，終究趨於毀滅。

想了解維京人的民族特性，可回溯歷史脈絡一窺堂奧。西元9世紀時，維京

「幸運利夫」的雕像。

探險家首度造訪冰島，阿納森（Ingólfr Arnarson）成為第一位長期居住於此的居民；據說，當年他是以一根漂流的木柱，來祈求指引登陸的。現今，在冰島首都雷克雅維克海邊的維京船雕刻，即是當年探險家登陸的遺址。

　　約莫一百年後，生性勇猛好鬥的挪威人「紅髮艾瑞克」（Erik the Red），具有極強的領導能力，卻是個難以駕馭的好戰者，因為謀殺案被迫逃離至冰島，又因一連串備受爭議的謀殺案繼續逃亡。他駕著毫無遮掩的維京船向西航行，前進北極圈內的全新天地，在此居住了三年，並在島上探勘考察，因為西南方綠茵遍佈，為了增添這塊土地的魅力，特取「綠色土地」之意，將其命名為「格陵蘭」（Greenland）。而其子利夫‧艾瑞克森（Leif Eriksson）頗有乃父之風，卻比父親運氣更佳，他在格陵蘭的西邊發現更多適於居住的土地，並將基督教傳播於此，因此有「幸運利夫」（Leif the Lucky）的美名。

　　同一時期，伊努特人由加拿大艾爾斯米爾島（Ellesmere Island）向格陵蘭西

北方邁進，並開始往南，最終與維京人相遇。維京人建立的村落，因氣候酷寒、多變、多風、多霧，加上他們破壞了天然植被、侵蝕土壤、切割草皮……生存環境嚴重受損，最終不敵大自然的考驗，漸漸走向滅亡之路，但伊努特人卻成功地克服惡劣的環境，存活至今。這兩個族群面對同樣嚴苛的外在環境挑戰，卻有著截然不同的命運。

　　一些族群沒落了，但另一些族群卻找到了解決問題的方法，得以存續發展。綜觀歷史，多數族群最後崩解的原因與模式，除了生存環境的破壞、氣候變遷及強鄰環伺威脅之外，最重要的關鍵在於：面對社會環境問題的應變和處理能力。往返極地數十回，縱然每次的感動和感觸皆不同，但如何從歷史中學習取捨，也從別人的執著中照見自我，進而練習放下，是我不容規避的人生課題。

80°N

白色情謎
Svalbard

北極

一個純淨、自然、無污染的代名詞

旅人可以選擇

與藍天對話

在苔原漫步

或與馴鹿共舞

遠離了文明城市的煩囂

這裡

旅人可以大膽地解放身心靈

北極熊的故鄉——史瓦巴特

　　顏色豐富的小屋，在湛藍的天空下格外顯眼，有時會有成群的飛鳥在天空翱翔，牠們彼此間的輕聲呼喚，代表大自然最原始的律動；山坡下的草原，幾隻馴鹿優閒地吃草，深深吸上一口迎面而來的清新微風，心曠神怡。在這裡也感受到自然界的奧妙，種類繁多的生物令人目不暇給，偶爾停下腳步，還會看見色彩鮮豔的小花正輕輕點頭。難得體驗的小艇巡弋，讓人驚呼連連，在這裡，有看不完的風景、聽不完的故事、說不完的好心情。

　　夏季沐浴在午夜陽光裡，冬季則籠罩在極地黑夜中的史瓦巴特（Svalbard），對大多數人來說可能覺得陌生，它不隸屬於任何一個國家，而是一個共有國——其所有權為1920年「史瓦巴特條約」的簽約國所共同持有，由挪威行使主權，明文規定簽約國有權在群島上進行考察和開發等活動。

　　史瓦巴特是維京語，意思是「冷峻的海岸」，由散佈在北緯74至81度及東經10至35度間無數的群島所組成，被北冰洋、巴倫支海、格陵蘭海和挪威海包圍

著，包括斯匹次卑爾根島（Spitsbergen）、東北地島（Nordaustlandet）、埃季島（Edgeøya）等大島，其中60％為冰河覆蓋，是僅次於南極、格陵蘭的第三大凍原冰帽。這裡生態豐沛，除了百種植物和四面環海的天然條件而成為許多海鳥孕育新生命的繁殖地外，也是「北極之王」——北極熊的故鄉。

　　向北極探險的開端，始於1596年，由荷蘭最偉大的北極探險家威廉・巴倫支（Willem Barrents）開啟序幕。原本是為了勘查新的毛皮交易路線，卻意外發現了新大陸，並命名為斯匹次卑爾根島，即荷蘭語「陡峭的山峰」之意。我們這群現代旅人也跟隨巴倫支的足跡，慢慢體會探索極地。

一切彷彿停格，只有在北極熊的遷徙中，方能體會時間的流轉。

全球種子倉庫 ——隆伊爾畢

　　臨窗而坐，凝視窗外機翼下的機輪，緩緩由機腹吐出，飛機正依循一貫正常的節奏，緩慢降低高度，在這個冰冷的荒野，遠處山腰上隱約可見一棟有稜有角的長形建築，由山際延伸而出，不禁讓人納悶：這是什麼地方？據當地人說，有持槍守衛站在入口處，裡面還有武警枕戈待命，在這麼荒涼的地方，卻有著如此守備森嚴的洞窟，裡頭究竟隱藏了什麼天大的秘密？

　　原來這裡正是2008年完成的「史瓦巴特全球種子倉庫」（Svalbard International Seed Vault）。這座巍然矗立、造型奇特的建築，高於海平面130公尺，經由科學家研究計算，即使南極冰原全部融化、海平面上升，此地也不會被海水吞噬。從入口處隧道似的長廊，一路延伸至山中的永久凍土層，雖然戶外天寒、洞裡地凍，但這個偌大倉庫依舊需要冷藏降溫，以確保溫度一直維持在攝氏零下18度。

　　「全球種子倉庫」建造的目的，就是要保存現今自然界植物的種子，避免物種滅絕，以因應世界末日降臨的龐大計畫之一。據報導指出，若收集齊全，種類

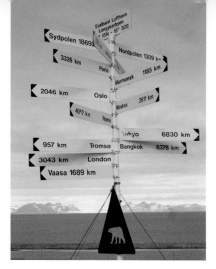
佇立於隆伊爾畢機場外的路標。

甚至高達一億種。這個種子庫,從開始動議到建設完成,歷經數載,雖然是由挪威政府負責建造,但挪威政府並不擁有內部貯存物的所有權。

　　大多數參加極地旅遊的團員,到了現場更能感受到為什麼要建置這個全球種子倉庫:不僅為了讓這些物種得以延續,不被滅絕,也為了讓我們的子子孫孫能夠繼續了解這些植物,其遠見及精神實在讓人由衷欽佩。

　　想起《聖經‧創世紀》裡記載的:上帝將以大洪水毀滅世界,要虔誠的諾亞趕緊製造一艘大船。諾亞的方舟(Noah's Ark)建好後,洪水降臨,萬物失去土地與糧食,惟有諾亞與他攜帶上船的各種生物得以倖存。而面對全球暖化日益嚴重,造成冰山溶解、海平面上升……等現象,未來幾十年,地球很可能成為一片汪洋,人類恐無棲身之所。這孕育而生的種子倉庫,又何嘗不是「現代諾亞方舟」,為了千萬子孫與地球生物,未雨綢繆所儲存的一份愛的期待。

　　「世界末日的盡頭,萬世萬物的創世」是種子庫的真諦,也是人類儲蓄希望

一間間的彩色木屋，是旅客休憩之所，也是當地色彩最豐富的地方。

的珍貴寶盒，亦將是歸零之後的全新起點。此刻，我衷心期盼世界能夠和平運轉、萬物能夠生生不息，直到永遠，讓「現代諾亞方舟」靜靜地在永久凍土層中沉睡吧！

　　飛機以優雅的姿勢滑行降落，迫使我將目光從那座規模宏偉的人造建築移開，思緒立刻拉回面前，準備投身人類生活圈最接近地球北端的民用機場。一跨出機門，北極獨有的凜冽空氣沁入鼻腔，下意識的拉緊領口，大步地迎向另一個天地。

　　隆伊爾畢（Longyearbyen）距離北極極點不到一千公里，鎮上居民近千人，昔日是礦產重鎮，小鎮即是以1906年煤礦大亨老闆的名字命名。煤礦工廠大約在半世紀前便已停止開採，現今只生產少許煤礦用以發電，但在鎮上仍可看到礦廠的遺跡和用來運輸至港口的木製礦車，市中心還矗立著煤礦工人的銅雕。小鎮和一般城鎮無異，有旅客中心、醫院、學校、銀行等，甚至還有全球知名的連鎖

❶北緯 80 度見到的第一隻北極熊是
　在隆伊爾畢的機場內。
❷極地博物館讓大家可以身歷其境的
　體驗和了解極區的不同風貌。

飯店，可說是麻雀雖小、五臟俱全。近年來成為研究中心，極地博物館也應運而生，讓人可以身歷其境的體驗和了解。

雖說是個小鎮，然而它每年來訪的觀光客卻有將近十萬人以上，原因無他，因為這裡是大型遊輪北行的最終點，也是我們北緯80度之旅的起點，北極旅遊就由此展開。

也正因為隆伊爾畢算是在這趟旅程中難得見到的繁榮城市（其實也只有一條街較為繁華），讓許多習慣生活在大都市的團員有一種頗為熟悉的感覺，不過在看到街上所販賣的一些物品的價格後，都感到大吃一驚！在我的印象中，在當地購買一根香蕉的價格，在台灣可以買上一大箱，其他如雪衣、手套等禦寒物品，也都要比一般城市貴了兩倍的價格。不過想想，要把這些物品運送到此，勢必要花費非常高的成本及運費，加上一些商業因素，物價如此高也是沒辦法的，這讓我更深深體會到，我們原來生活的地方是多麼方便幸福啊！

❶隆伊爾畢市中心矗立著煤礦工人的銅雕。
❷因為旅客增多，隆伊爾畢的濱海小路變
得繁榮許多。

　　沿著海邊逐漸接近港口，因為周邊腹地有限，一次只能停泊一艘船，此時，港邊雖然已排定由別的船隻停泊，倒也無需過分擔心，將視野往後延伸，我們的船已在不遠處，等待我們一齊向極地邁進！

　　走在沿著隆伊爾畢唯一的濱海道路上，不知不覺放慢了腳步，我已經來過這裡很多次，發現到原本熟悉的道路，在這兩三年中悄悄地起了變化，一間間戶外用品店，如雨後春筍般從荒地上隆起，讓原本走來略顯孤寂的小徑熱鬧許多。

　　這時有種五味雜陳的感覺湧上心頭，我不知道是該為這個城市因為極地遊客的增加而日漸繁榮高興呢，還是該憂心會不會因為越來越多的旅遊而驚擾了這塊大自然秘境的調養生息，此時只能由衷期盼每一位來到這裡的旅人都能好好珍惜這天地的一切，遵守我們與極地共有的默契，才不辜負對我們張開懷抱的大自然。

小艇巡弋

　　在靠近冰河斜坡上，盛開著五彩繽紛的花朵，峭壁旁，可觀賞到大量的三趾鷗（Kittiwakes）和布式海鳩（Brünnich's Guillemots）的鳥巢。每當船隻行駛至峭壁觀鳥時，眼尖的人便會看到那些徘徊在峭壁下的狡猾北極狐，正等待機會，捕捉由巢窩跌落的倒楣幼雛。雖然這一幕總讓我們為那些小生命捏一把冷汗，但又忍不住會為北極狐的矯健英姿所吸引！

　　北極狐可說是草原上的主人，以捕捉小鳥、撿食鳥蛋、追捕兔子，或在海邊撈取軟體動物充飢為食。每到冬天，當巢穴中儲存的食物消耗殆盡時，白狐會跟蹤北極熊，揀食吃剩的殘食。所以冬季時分，常會看到白熊身後總有二、三隻白狐悄悄尾隨，但若北極熊飢餓難耐時，也會轉身攻擊。

　　北極圈裡的北極狐到了冬天，毛色開始轉為雪白，成為在雪地裡生存的保護色，僅露出鼻尖和尾端的黑色，牠的毛皮既長又軟且厚，所以能夠捱過嚴冬，到了春夏之際，毛色就逐漸變為青灰色。有這些靈動身影點綴原野，極圈顯得活潑

多采、生氣勃勃！

　　每每我們的船向北航行進入國王峽灣（Kongsfjord），從這裡以小艇巡弋，
近距離感受豐盛的生態與美景，循著「7月14日冰河」前緣航行——這個特殊的
名稱，是為了紀念法國探險家發現此一冰河，而以法國國慶日命名。接著航進克
羅斯峽灣（Krossfjorden）登陸上岸，所看到的是滿天的鳥群飛舞，海面平靜無

波，岸邊極地花卉遍佈，雖然眼前景色依然，但是我卻憂心以後再來是否還能體
驗這份美景。因氣候暖化持續，近幾十年7月14日冰河已明顯地消退，如果有一
天再遊此地發現景色已非，我或許不感到意外，然而心中還是會有些許惆悵，和
留下的聲聲嘆息及省思……。

漫步苔原

「北極也有植物嗎？」這曾是我的疑問，也是第一次參加極地旅遊夥伴們的疑問。

天氣不錯，我們將有機會漫步於苔原。此時大家心中的疑惑，終於有了答案……。

由於氣候寒冷，生長環境惡劣，生物在形態和生活方式上均需適應嚴寒的氣候，因此絕大多數植物都很矮小，且緊貼地面匍匐生長，這是為了抗風、保溫並減少植物蒸散的適應手段。

放眼望去，僅有低等植物得以生存，愈往北，就會發現植物愈來愈小、愈來愈稀，最後竟完全消失。此時，矮小的灌木、多年生禾草、地衣、苔蘚占據了大地，這種植物群落便稱之為「苔原」。

苔原是寒帶植物的代表，因植被處於極不利的生態條件下，冬季漫長而寒冷，夏季短促而低溫，每年的植物生長期只有三、四個月，所以必須把握短暫的

旅人若是迷失方向，可藉由「羅盤花」宛若羅盤的特性辨別方位。

生長季節，迅速開花，或利用根、莖、芽進行繁殖。由於苔原地區地下形成堅如磐石的永久凍土，僅在夏季的生長季節裡，上面淺淺的土壤層才會融化，植物的根只能在地表大約25公分的深度內自由伸展。貼地生長的綠色植物苔原植被，在長期的演化過程中，形成足以適應北極特殊環境的生存特徵。

　　仔細觀察，會發現北極植物的一大特色：苔原植物常擁有大型鮮豔的花朵，呈現「杯狀」，以便盡可能的採集陽光，這對於綻放白花的植物尤其重要，其特色在於向陽性，最典型的代表就是「羅盤花」。每次看到它，總是一半開著花、另一半仍為綠茵，呈現疑似「青黃不接」的面貌，彷彿發育未全的少女，帶著幾分羞赧靦腆，卻又清新可愛。原來這是由於南方率先承接陽光，所以先開花，而另一半尚需再等上一些時候，待吸收足夠的陽光後，方能從綠茵轉為花蕊。也因為這個緣故，旅人若是迷失方向，可藉由它宛若羅盤的特性來辨別方位，故有「羅盤花」（Moss Campion）之稱。

從綻放的花朵看到北極獨特的生命力。

　　遠遠望去，一群人或蹲或趴的貼近地面，煞有介事的研究著各式植物，不知情的還以為是誰掉了什麼貴重物品，正在滿地尋找呢！沒多久大家又有了不同的疑惑：「北極有花，但肯定沒有樹吧！」我微笑不語的就地蹲下，雙手撥出一株小草般的樹枝——由於苔原土壤的垂直排水能力極差，所以植物的根幾乎完全淹在水中，缺乏足夠的氧氣和養分，致使生長極為緩慢，「極柳」一年中枝條僅增長1～5公分，可說是世界上最小的樹種。這時有人立刻反駁：那麼迷你，哪能稱得上是「樹」？我立刻解開對方的疑惑：若將細小枝幹剖開，放在顯微鏡下觀察，就能清楚看見「年輪」，證明它是如假包換的最迷你的樹。

　　北極植物勇於突破侷限的頑強生命力，這「具體而微」的構造，再度彰顯了造物主的巧思。

與北極熊的邂逅

記得和北極熊的第一次接觸，是在盛夏的紐約，中央公園的動物園裡。

那是一隻已習慣溫帶大都會的北極熊，自小在紐約成長，只見牠懶洋洋地斜躺在那裡一動也不動，熱到不行時，偶爾鑽進大水缸裡消消暑，雖然體態依然，但是我完全感受不到身為「北極食物鏈王者」的風範，那股抑鬱的心情，一直到與生活在極地大自然的北極熊相會後，才逐漸淡去。

前往北極極點的航程後，我終於和北極熊有了近距離接觸。北極旅遊中，常以登陸小艇代步，追尋北極熊的蹤跡——只因牠儘管身軀龐大，奔跑的時速依然有40公里，若是和熊站立於一個平面的陸地上，八成插翅也難逃，在你瞥見牠的同時，牠絕對有本事在同一時刻，迅雷不及掩耳地狠狠撲倒你！

如今身為一位擁有豐富極地旅遊經驗的旅人，我的角色不再單純，無法再用一般旅者的眼光，只專注於牠的可愛面，而忘了牠是陸地上最大的肉食性動物，有著原始的獸性，因此當我看到北極熊出現時，常夾雜著矛盾的心情，既想要一

在岸邊享受靜謐日光的北極熊。

探究竟，又得時時戒慎恐懼，擔心牠猛然暴衝傷害到旅者。

　　初生的北極熊人見人愛，讓許多旅者都想見上一面，這幾乎成了大家畢生的願望。毫無例外的，大家都期盼此行能夠得償夙願。探險隊長拿著望遠鏡四處瞭望，那雙訓練有素的銳利眼神，很快便鎖定了牠的蹤跡，立刻以無線對講機通告駕駛登陸小艇的隊員，於是小艇陸續緩緩靠近，航行至安全距離範圍內。

　　我迫不及待的手持長鏡頭，將畫面拉到眼前。距離小艇只有十幾步距離，一隻身形瘦小、看來應該是母熊的北極熊走在前方，兩隻幼熊緊跟在後，不遠處一隻身材高大的北極熊正亦步亦趨、寸步不離地尾隨在側——也許是熊爸爸正緊緊跟隨，這畫面在春末夏初的北極冰原並不陌生。

　　其實，動物世界隱藏著極其奧妙的互動。大約九月左右，公熊和母熊會進行交配。北極熊雖不是冬眠的動物，但母熊必須在冬天度過約四個月的懷孕期，因此入冬之際，受孕的母熊得趕快找到安身的洞穴，以面對懷孕期的行動不便和覓

食困難，而公熊因冷冽寒冬沒有獵物可獲，也須禁食。

　　等到一月初左右，母熊通常會產下一對雙胞胎，時而看到母熊懷抱幼熊哺乳，或擔心寶貝因體弱無法在雪地上遠行，將牠們背在背上負重前進，或可目睹幼熊蜷縮著小小身軀，躲在母親的臂彎中取暖。只是這時熊爸爸只能遠遠跟隨，無法靠近，因為公熊的天性不似母熊具有母性，一旦饑餓難耐無法抗拒時，還是可能食子裹腹，所以母熊不但得細心呵護幼熊，還得提防餓昏公熊的攻擊！

　　北極熊那一身濃密的毛皮和厚厚的脂肪，不但可以保暖，還是絕佳的保護色。然而，鮮少人知道，僅有極少數的北極熊才有真正渾身雪白的毛，因為常潛入海中覓食，或在近距離的浮冰上，或是被困於洞穴中時，周遭的矽藻及細微海藻，都會讓原本雪白的毛逐漸失去光彩，因此外觀上大都呈淡黃色澤。

　　北極熊唯一呈現黑色的部分，就是那枚黑鼻子和一雙迷你黑眼珠。牠那長長的頸子，在大步行走時，總會出現搖頭晃腦的滑稽動作；為了方便在陸地行走或

穿越冰原時產生摩擦力，牠們的腳掌不但特別大，而且光亮無毛。我們從冰原上的爪痕不難發現，北極熊的爪子既大且壯，不但是為了游泳划水之用，同時也可分擔那沉甸甸的體重。

　　北極熊「重量級」的身軀、豐厚的毛皮、大而壯的爪子，讓牠成為北極生態圈「食物鏈」的主宰。除了海豹之外，牠們還獵捕海象、擱淺的鯨魚、海鳥和魚類，同類相殘的可能性也很高。牠們通常習慣自行覓食，且具備獨特的掠食技巧，學習快、耐力高，可以迅猛快速地捕捉獵物，平均一週需要補充的卡路里，相當於一隻近百公斤的環紋海豹。

　　冬天時，海豹得游至海面呼吸，會在浮冰上開一個洞，北極熊憑藉那微弱的氣味，就能找到獵物，聰明的在一旁耐心等待，當海豹浮上來換氣時，就用牠的大腳掌用力拍打，將海豹拖拽到冰上。春天來時，海豹會在冰上休憩，北極熊則趁機靠近，觀察並調整自己匍匐潛近的步履，就在海豹離開浮冰潛入海中之前，

一躍撲上！

　　看著北極熊或站、或躺、或臥於冰河上，就像預約好的模特兒，總是在我們面前搔首弄姿……。

　　雖然前往北極，很多人都希望能看到北極熊，但每一次旅程，沒有人能夠保證一定能與牠相會，能見到多少隻，是近在眼前還是遠如彼方的一個小點，都無法預知。但一旦發現牠們的芳蹤，一定會隨即拿起望遠鏡和相機，開始我們與北極熊的美麗邂逅！

北極熊分布範圍

北極熊的分布範圍圍繞著北極極區，區內約有五個分布區：斯匹次卑爾根島、法蘭士約瑟夫地、西格陵蘭島、哈德遜灣、加拿大高緯度極區、東阿拉斯加極區，以及西阿拉斯加、俄羅斯蘭格爾島等區。在北極的極點，或許還找得到些許蹤影，但因終年冰層厚結，導致獵食海豹的機會減少，所以絕大多數的北極熊都往南移動至較薄的冰層上。

峭壁觀鳥，苔原尋鹿

穿越喜羅佩海峽（Hinlopen Strait）是場扣人心弦的航行之旅。此處厚冰遍佈，但水特別潤澤，難怪有大量海鳥群聚於此。我們搭乘登陸小艇，巡航於峽灣的浮冰間，航向海雀之壁（Alkefjellet）的峭壁旁。

座落在喜羅佩海峽旁的海雀之壁，就像鳥禽世界的摩天大樓，一棟棟氣勢磅礡的巨石城堡，有如千萬年錘煉雕鑿的曠世巨作，約有60萬對海鳩（Guillemots）和數以千計的布式海鳩棲息於此。峭壁觀鳥，仰望壯闊天際穹蒼，俯瞰寬闊大海美景，豈是驚豔所能形容。

我們在喜羅佩海峽的東側、東北地島的小島上登陸後，造訪馴鹿、粉腳大雁、象牙海鷗和海象的故鄉。

春暖時分，陸地上青青綠綠地冒出一簇簇的苔原，呈現深淺不一的橄欖綠、青綠和嫩綠，遠遠望去，就像精靈手指一揮，便鋪了一層綠絨絨的漸層毯子，好讓剛度過寒冬的馴鹿，早早地探頭，在熟悉的草地上恣意快活的奔馳。

　　北極馴鹿的身材不算魁梧，公鹿的高度最高也僅一公尺左右，初春時，苔原上到處可見零星的鹿群，個個都像被鹿角重重壓著般的低著頭。其實，這是因為經過了漫漫寒冬，鹿群急於覓食，根本就無暇他顧。牠們緩慢地行動，正巧讓我們有機會一覽芳蹤。

　　那天，大家望著一望無際、沒有樹木也沒有動物蹤跡的平原納悶，為什麼隊長宣稱即將展開一趟「逐鹿苔原」的活動？茫然之際，看到平原上散亂著一粒粒黑色小丸子，往前再走幾步，又有一坨坨的小土堆——原來那些看似神秘的小藥丸，正是馴鹿咀嚼了新鮮青草後的產物，而小土堆則是冬天身體營養不良下的排泄物。伴隨在小丸子旁邊的則是雁鴨「新陳代謝」的成果——別小看這像是粉筆灰、卻含有豐富綠色纖維的玩意兒，這可是北極馴鹿的美食和營養來源呢！這也讓我們驚嘆動物世界奇妙的食物鏈與共生力量。

　　一路往前，地上一絲絲遠看似雪花、近看像毛線的東西，滿佈綠苔之上。許

不僅用鏡頭記錄極致美景，且以行動親身抵達、親自體驗這豐盛的視覺饗宴。

脫落的鹿角旁有植物冒出嫩芽、綻放花朵。

多人一臉驚慌，我不禁莞爾一笑——大家鐵定心中暗叫不妙：「難不成北極熊就在身邊？」隊長了解大家的不安，趕緊說明這是馴鹿奔跑時掉落的毛，繼而深入解析：你們看這些毛髮裡頭都是空心的，輕輕一碰便會斷落，若是北極熊則毛色偏黃，而且也不會這麼輕易就脆落。至此，大家才正式解除警報！

　　不久，有人發現草地上出現一個個足印，知道馴鹿就在附近了！人人屏息以待，眼觀四面、耳聽八方。隨著隊長手指的方向，一群北極馴鹿躍入眼簾，應是公鹿和母鹿帶著一群幼鹿進行春遊吧！牠們從山坡上一步步奔馳而下，看起來瘦弱可憐，因為寒冬大地被積雪所覆蓋，無法覓食，不過別擔心，現在春暖草豐，只要攝取了植物纖維的營養後，就會像吹了氣似的迅速增胖。

　　為了適應極地的酷寒，馴鹿的耳朵和尾巴都比其他鹿種稍短，為的是減少體熱散失，而身上的厚毛則可保持體溫，寬深的足蹄讓牠們便於在雪地上立足。此外，無論是公鹿或母鹿，小小的身軀都承載著又重又長的鹿角，看起來雄赳

赳、氣昂昂的，如果是在遠方山頂看到昂首遠眺的馴鹿，那氣勢彷彿是在向大地宣告：這是我的地盤，閒人勿入！公鹿的鹿角會於冬天時脫落，而母鹿則保留著鹿角過冬，直至生產完才逐漸脫落。看到脫落的鹿角旁有植物冒出嫩芽、綻放花朵，這正是大自然的奧妙之處，一方的解脫也成就了另一方的滋養，藉此生生不息。

海象不在家

　　若說北極熊的現身彷彿披上白袍的神氣王者，每每能引起人們的讚美與驚呼，相較之下，牙粗皮厚的海象，儘管身懷絕技，外型卻不似其他動物那麼討喜，因此大家很少將注意力停駐在牠們身上，也吝於給予掌聲。或許，海象內心深處對於這種差別待遇多少有些委屈吧，因此不免要在岸上的伸展台上，力求表現！

　　「海象出遊了！不在家！」（Walrus is out!　Not at home!）當探險隊長以略顯遺憾的口吻廣播時，大家難掩失望。但這就是海象的習性——群聚游入大海，總會在海上逗留個好幾天，才心滿意足的上岸回家。

　　猶如大象是陸地上的龐然大物，海象的身軀也很有份量，皮厚多皺，兩枚獠牙雖然十分的駭人，然而藉由它刺入冰中，海象才有足夠的支撐力上岸或下水。我們偶爾瞥見海象慵懶地攤在海邊，瞇起原就細到不行的眼睛，進行幸福的日光浴，望著那與身體不成比例的迷你頭顱，有一種樸拙的喜感，很能引人會心一笑。

粉墨登場的善知鳥

　　登陸小艇穿梭於冰山雕塑中，這以海水為斧、太陽為鑿的曠世之作，將歲月風華形塑成渾然天成的自然派。探險隊長將登陸小艇小幅度的轉彎，就在轉角處，我驚鴻一瞥地看見一個小小的頭，正埋在水中，亮橘色的雙腳在淺水處使勁划動，水中隱約有雙眼睛閃爍著，我不禁忘情地大喊：「Puffin！」

　　生長在寒帶地區的大西洋善知鳥（Atlantic puffin），嬌小的身軀、黑白分明的羽毛、鮮豔奪目的巨喙、炯炯有神的雙眸，看似一臉無辜的模樣，活似海洋裡戴著面具的小丑。牠們的身軀矮胖，大大的頭配上短短的翅膀，不論起飛或降落，時常帶點笨拙，偶爾會以撞擊的方式降落在海面，簡直就像年久失修的老飛機，相當不靈光！但牠們倒是出色的游泳高手，可潛入水底70公尺處，不僅利用翅膀划水前進，且藉雙腳來控制方向，雖然行動不夠敏捷，但萬物各有所長，牠們一口氣最多能銜五、六十條魚呢！

　　逗趣的善知鳥有個動聽的別名──「海鸚鵡」，牠們一生當中多數時間都在

人稱「海鸚鵡」的善知鳥。

海洋活動與過冬，每年四到八月間，才會飛到小島或是沿岸的峭壁上築巢，只因翅膀短，不利起飛，所以選擇住在高處，得以往下俯衝以節省體力。在繁殖季節，牠們會換上閃耀新裝：多彩的三角形巨喙有了變化，顏色變得鮮豔而明亮，亮橘的尖嘴處，依序搭配湛藍、鮮黃，像似層層抹上最流行的唇膏，再追加一道亮麗的唇蜜，彷彿引領時尚潮流的嬌俏少女，簡直能和北極燕鷗的名媛風采相互競豔；不過，有人針對牠們外型的多彩特性，喜歡暱稱牠們為「海上小丑」，象徵一種粉墨登場的童趣，感覺更添俏皮活力。

有時抬頭，可望見一對對用彩色鳥嘴輕輕碰撞、跳著求偶之舞的善知鳥，牠們會回到相同的巢穴，這也是每年唯一上岸的時候。牠們通常會組成群落，挖洞築巢，雌性與雄性輪流孵蛋，直到雛鳥破殼而出。

每當覓食時，牠們會自海邊俯衝而下，迅速叼起小魚，再奮力拍振短而有力的翅膀，飛回懸崖深處餵食寶貝。夜幕低垂時，雛鳥嘗試飛行的特訓就此展開，

學會飛行之後，即隨成鳥回到海上過冬。

　　根據資料顯示，近年由於海水溫度逐年升高，玉筋魚（sand eels）不明原因的消失，導致善知鳥缺乏維生來源，數量隨之銳減，而漂流在海上的外溢石油，也因食物鏈的關係，間接威脅到善知鳥的族群生命。

　　氣候變遷加上食物缺乏，不利於善知鳥生存，不知道這些海上小丑，是否也會為自身的際遇感到黯然？當登陸小艇漸漸駛離築巢的懸崖峭壁時，看著滿天飛舞的善知鳥，心中默默地對牠們說：別了，期盼下次還能見到你粉墨登場！

翻牌須知

船梯處，有顏色鮮明的正反兩面不同色的板子，這是用來顯示船上乘客已經登船或仍未上船的簡單標示。下船時，需將登記艙房號碼的牌子翻轉為反面，登船時，再將牌子轉為正面，每一個旅客都需自己翻牌，以確定大家都安全回船。為避免因為風浪大搖晃使得船上的設備傾倒造成危險，所有的設備皆須固定安置，連桌椅都固定在地板上，以免撞擊或傾倒。

極地旅者——燕鷗

位於國王峽灣北端的新倫敦鎮(Ny London)有許多的燕鷗棲息於此，當地曾是大理石礦場的遺址。約在1910年代，英國商人曼斯菲爾德（Ernest Mansfield）在山中發現大理石礦，認為頗有商機，於是努力的說服倫敦富商投資，引進開礦設備，逐漸形成小型聚落，但誰知此地開採的大理石為劣等品質，既軟又易碎，毫無商機可言。突然間，大理石開採公司無預警的宣告破產，迅速匆忙撤離，獨留空屋仍佇立於空曠大地。

當我們停留在大理石礦場遺址附近，忽見北極燕鷗於空中飛翔，不斷地朝我們的頭頂俯衝攻擊，原來附近正有北極燕鷗的巢，雌燕鷗正為保護小寶貝而捍衛家園。

北極有燕鷗，南極也有燕鷗。不知情的人也許會想，牠們就像從小失散的雙胞胎，在地球的兩端遙遙相望──殊不知，牠們其實是同一種海鳥！

北極燕鷗是唯一在高緯度極區生長的燕鷗，主要分佈於北極周圍，最北至北

聚集於浮冰上的三趾鷗，鳥鳴聲此起彼和。

緯83度左右都有牠們的蹤跡。燕鷗身披淡灰色的羽翼，有著鮮紅的長喙、細長的雙腳、纖細窈窕的身材，活像披著披肩、頭戴羽帽、穿著細跟高跟鞋，趕著赴宴的貴婦，顧盼生姿、風情萬種。

在獵食時，牠們時而盤旋梭巡，然後俯衝而下，以蜻蜓點水的優雅身姿在海面上迅捷地叼起小魚。在陸地上，牠們也以同樣的絕技盤旋飛翔，在迅雷不及掩

燕鷗和海象一同嬉戲同遊！

耳的當下，俐落地叼起苔原上的小蟲，可說是兼具快、狠、準的美麗殺手。

北極燕鷗在北極度過快樂的夏天，夏日結束前，即橫越高山大海，經過赤道的上空，最終抵達地球的另一端──南極，繼續享受南半球的夏天；隔年二月前後，再往北飛行，乘著風勢，以平均每天飛行520公里的速度，在五月雪尚未完全消溶前，飛抵北極。因此，牠們的一生皆在夏天中度過，就像一輩子都在放暑

假的學生，不知是生性懼怕寒冷，還是為了追尋白晝的光明，牠們可說是世界上遷徙最遠的候鳥，根據最新的科學研究報告指出：北極燕鷗一年飛行超過8萬公里，壽命可長達34年，換算之後，一生中飛行遷徙的距離約有240萬公里，相當於地球至月球來回三趟，或繞行地球六十圈的旅程！這對一隻身型嬌弱的鳥兒而言，實在驚人！

這般不畏艱難地南北往返，竟是小小鳥的終生宿命與職責！燕鷗的充沛能量，似乎讓長年奔馳極地的我，有一種惺惺相惜之感。

燕鷗的求偶舞，將我拉回現實：飛回北極交配、傳宗接代的牠們，就如一對對、一群群嘈雜激情的人類情侶，在遼闊茂盛的島上、平坦的苔原和鋪滿小圓石沙洲上，建立自己的家庭。求偶時分美妙又帶點溫馨，雄鷗會叼銜剛捕捉到的小魚，在空中盤旋，展示雄風英姿，雌鷗則羞怯地接受示愛：時而雙唇親觸，時而展翅相擁，忽而追逐嬉戲，忽而上下翻騰，一場比翼雙飛的舞蹈，就在眼前曼妙

華麗的登場。

　　此外，北極燕鷗還是捍衛家園的勇士。每年六月的繁殖期，雌鷗產下蛋之後，便由父母雙方輪流孵育，二十多天後，小燕鷗便能破殼而出。但在生長過程中，燕鷗爸媽可是一點也疏忽不得，因為燕鷗蛋或剛出生的小燕鷗，常會遭受北極狐和賊鷗的侵襲，因此北極燕鷗為了保護成長中的寶貝，可是出了名的殺氣騰騰！所以，切記，千萬別傻呼呼的走進築巢區，否則很難全身而退──牠們會從空中朝下飛撲，把長喙當作武器兇猛地啄擊，靠近時還會不時發出尖厲叫聲，以嚇阻入侵者，若未能即時戴上帽子，頭皮便會被啄出血來！

　　在此分享一個小撇步：這群練家子習慣攻擊「最高的部位」，為了安全起見，即使和築巢區有適當的距離，請舉起一根細長的樹枝或長條物，以求自保。當然，最好在欣賞完卓越的英姿飛行秀後，安靜地離開，將天地還給牠們。

冒險的起點

　　早期曾為礦村的新奧爾松（Ny Ålesund）位於國王峽灣的南端，隔著峽灣與新倫敦鎮對望。我們來到這裡，就不能不知道它有「三北」，即「世界上最北邊的殖民地」、「世界最北邊的鐵路」以及「世界最北邊的郵局」。如今，這裡已成為北極科學站設立的集中地。我們這些旅人也藉此獨特的機緣，在遙遠的北國，寄上一張明信片，雖然價格不算便宜，但能讓這份祝福蘊藏北極的風情，越洋溫暖遠方的家人和朋友，也算值得。

　　新奧爾松的村落附近有一處鳥禽孵育區，包括白額黑雁（Barnacle Geese）、粉腳大雁和北極燕鷗（Arctic Terns）都在此落腳，好似隨時都上演著嘉年華派對，顯得熱鬧非凡。

　　結束了生態巡禮，將鏡頭轉向北極探險，新奧爾松依舊值得被寫上一筆——它是著名的挪威探險家羅德‧愛蒙森（Roald Amundsen）和義大利將軍諾比利（Umberto Nobile），分別搭乘飛船企圖英勇挑戰北極極點的開端。

ДВЕРИ В БАРЕНЦБУРГЕ
DOORS OF BARENTSBURG, SPITSBERGEN

這張明信片中的哪一扇門，吸引你想要起身打開，一窺北極極區的魔幻與神祕。

　　足跡遍及南北極的愛蒙森，先後完成極地探險的三大壯舉：探險西北航道、抵達南極極點、橫越北極上空。他具備了冒險犯難的運動家精神，在面對一切未知狀況時，反而顯得無比振奮！

　　愛蒙森本為醫學院的學生，後來放棄既有的研究志業，成為北極探險家，並從愛斯基摩人身上習得拉雪橇的技術。由於他既無資產也沒背景，因此一生皆為

財務拮据而煩惱，之後他向探險家南森求援，得以利用南森的「前進號」抵達南
極大陸，再運用狗拉雪橇，於1911年12月成功抵達南極90度，成為競賽中抵達南
極極點的第一人。

　　1926年5月，在斯匹次卑爾根島附近的愛斯基摩人，遠遠看到一隻巨大的鯨
魚在空中飄浮──事實上，那是「挪威號」（Norge）飛行船，由位於斯匹次卑爾

新奧爾松當年愛蒙森飛行船起飛的鐵塔。

根島新奧爾松的鐵塔出發，成功飛越北極上空，到達阿拉斯加的貝羅角（Point Barrow）。這趟飛行探險，由愛蒙森和愛爾斯沃茲（Lincoln Ellsworth）領軍，並由飛行船的設計師——義大利的諾比利駕駛，船上有帳篷、睡袋、雪鞋和滑雪器材，以及十多位探險隊員和兩個月的糧食。當探險隊抵達北極極點時，天氣晴朗，飛行船遂下降接近冰面處，插下美國、挪威和義大利三面國旗。

　　悲傷的事件發生在1928年。「挪威號」飛行船的設計師諾比利，應政府要求建造了「義大利號」（Italia）飛行船，並且成功飛臨北極極點上空，卻不幸在歸途時，因飛行船漏氣而墜落漂流於浮冰上，之後被俄國救援隊救起。但是，愛蒙森在聽聞失事的同時，即動身前往救援，結果「義大利號」失事的九人都被救回來了，而前去救援的愛蒙森和他的法國同伴，卻在發出最後一封電報後宣告失蹤。根據研判：愛蒙森為了搜救故友，於途中遭逢飛機失事，命喪北極，屍骨至今尚未尋獲。

古樸的蒸汽火車行駛在新奧爾松「世界最北邊的鐵路」上。

　　愛蒙森可說是南北極探險年代的靈魂人物，終其一生以探險為職志，為探險而生，也為探險而亡，是人類成功征服南北極、且未受爭議質疑，可以稱得上是真正的兩極英雄。在新奧爾松仍可看到一座面向北極的愛蒙森半身塑像，眼神中充滿了對北極的深深思念。

　　幾世紀以來，北極探險何以這般引人入勝，或者令人求勝？也許人們把征服海洋的夢想得太美了，才讓那麼多航海英雄魂斷北極海。

　　一位昔日的北極探險隊員說得好：「我們相信，這番探險象徵期待——期待其他幾乎不能完成的目標，也能被任何地方的其他人們所完成。」北極雖然埋葬了許多人的生命，但也成就了許多人的夢想！

　　當我佇立皚皚雪地，聽聞不到往昔的風聲鶴唳，唯有將心底那微弱的光，暖暖護住胸口，讓我持續依循前人的腳步繼續向前。

　　或許，對於未知的一切，人們總蘊藏著一份欲迎還拒的矛盾情感，既恐懼

被吞噬、毀滅，卻又渴望能親近、征服……。我曾揣度：在技術匱乏、資訊殘缺的悠長年代，這些前輩究竟懷抱著何種信念，受到什麼樣的牽引或驅動，方能勇敢出航遠赴極地築夢？他們又會遭逢哪些挑戰、掙扎與失落呢？拜讀了探險家們那一連串永不放棄的極地探險故事後方才了解：原來是那份對於極地的不悔眷戀吧！

　　這些勇者秉持愚公移山的精神，一步一腳印，累積成可歌可泣的歷史篇章，讓我們今日得以按圖索驥，不再像前人那樣盲目漂流，更能使用GPS衛星導航精確辨識方位，或乘坐「直升機」與「核子破冰船」飽覽極地風光，因為前人前仆後繼的冒險犯難，大大開拓了人類的視野，就如平凡的我，才有機會在此歌頌極地的美景，更與眾多極地生物培養出含蓄的默契。

渾然天成的冰山呈現不同的風姿與神采。

極地的未來在哪裡？

　　多次造訪極地的我，面對冰天雪地中這些大大小小的生命，總有份難以言喻的親切感，宛若許久才相聚一回的好友，即便平素分隔兩地，少有聯繫，卻永遠靈犀互通，一字一句，即能牽動彼此的情誼。

　　但令人憂心的是，北極浮冰的面積日漸縮小，照此趨勢持續發展，很可能再過幾十年，北極海的夏天將完全沒有浮冰。這種現象不但擾亂了既有的氣候型態，也可能讓格陵蘭的冰層加速融化。

　　全球暖化帶給極圈生態極大的衝擊：由於冰帽溶解過快，北極熊被迫渡海求生，尋覓距離最近的浮冰，在經過數百公里的馬拉松長泳後，即便是擅長游泳

的北極之王，同樣無法倖免於難。許多熊隻來不及抵達目的地，在途中便一一喪生，至於那些氣力耗盡的北極熊，則僅能在冰冷的海水裡載浮載沉，似乎絕望地期待著那遙不可知的陸地，能在牠們失去意識之前，映入自己虛弱疲軟的眼簾……。

　　知道自己是幸運的，否則怎能與極地聲息相通如此多年？但我也感受到老天賦予的這份使命，讓我能將極地的極致之美與更多人分享，讓大家在領略大自然奇異恩典的同時，能夠思考生態永續的問題，也對我們生活的土地有更多的理解和疼惜！

90°N

冰火交會
North Pole

遠眺浩瀚無垠的冰洋，

聆聽因破冰船而嘎嘎作響的冰裂聲，

極地上冰與火的交會，

是旅程的獨特魅力。

極地時空探險

北極一直是塊神秘、杳無人煙的處女地，它像南極一樣是塊陸地？還是一個海洋？為什麼能夠吸引那麼多歷史上優秀的探險家汲汲營營想一窺究底！這些探問開啟了跨越時空、極地探險的追逐。

強烈的動力趨使人類向極地邁進，冰上的險境和恐懼的黑暗，令人驚嚇顫慄，但由歐洲至富裕中國的東北或西北航道，正可取代以往繞經合恩角（南美洲南端）和好望角（南非南端）的遙遠路程。金錢和探險的強大誘惑力，揉合為熾烈的無始欲望，讓人們忘卻可能會被吞噬的危險，執意潛身其中——也因此展開北極探險史的一頁……。

弗里特約夫‧南森，證實了北極是一個大冰洋。

西元1861年出生的弗里特約夫‧南森（Fridtjof Nansen），不只是一位體格健壯的挪威人，更具備了鋼鐵般的毅力與溫和坦率的個性；身兼作家和優秀科學家的他，可說是位勇於創新改革的青年，也因為他敢於嘗試冒險，因而成為橫越大

冰火交會──北極航行時在船頭甲板上舉行的 BBQ 晚宴。

格陵蘭冰帽的先驅。

　　此外，他在挪威脫離瑞典獨立時也扮演了非常重要的角色。第一次世界大戰時，基於人道主義遣返戰俘，這種無人能比的正直感，受到全世界的矚目，也因此在1923年獲得諾貝爾和平獎。

　　1884年，南森堅信西伯利亞和格陵蘭之間，一定存在著一條洋流，且必經過北極極點。為了證實他的想法，九年後，「前進號」（Fram）建造完成，並啟航

　航向新西伯利亞群島，但啟航不久，卻陷入浮冰群而動彈不得，此時這趟冒險才剛剛開始。

　　在南森帶領下，「前進號」經過多次與冰層相抗成功後，探險隊員對船隻硬體也產生相當的信心，不再擔憂冰層推擠所發出的震動和巨響，海流也順利地將探險船朝目的地推進，之後，探險隊的旅程也就較為輕鬆了。

　　1895年，「前進號」約莫走了一個月，但因前進的速度被浮冰漂流速度所減

弱，所以一直無法抵達北極極點，最後只抵達北緯86度13分，距北極極點約 370公里處，創下了當時最接近北極極點的紀錄，也證實了北極是一個大冰洋。

「前進號」的航行，其實是古代維京人冒險犯難精神的現代版。想像著面對那一望無際的海平面和充滿未知的極地，孤獨絕望的感覺排山倒海襲捲而來時，那些探險家何嘗沒有恐懼？但或許就是秉持著「相信無法相信的，就是真正的相信」，所以不畏艱難、勇往直前，克服了孤寂，享受著孤獨，朝自己的理想邁進。

不禁引人思索，如果我們也能擁有冒險犯難的精神，面對人生的未知與挑戰，世間有多少的困難將會被一一克服擊破呢？

那些與我時空相隔遙遠的探險家們，那種孤注一擲、以肉身和天地搏鬥的豪情壯志，每每讓我興起無限憧憬，更覺得相當可敬。下回當我重返極地時的行囊裡，切莫忘記裝載前輩們的毅力與勇氣！

征服北極極點

美國海軍少將皮爾里（Robert E. Peary）則是經過三次努力，終於在53歲時抵達北極極點。1886年，皮爾里於而立之年帶著出身卑微的黑人助手漢森（Matthew Henson），學習伊努特人的生存技能，思考如何在極地上建立補給站，開始嘗試駕著狗拉雪橇向格陵蘭一路探索。

之後，皮爾里駕著雪橇，雖因凍傷失去八根腳趾，可是依舊不肯放棄征服的夢想。他搭乘「羅斯福號」（Roosevelt）前往格陵蘭，航行到艾爾斯米爾島，最北抵達北緯87度06分，終因酷寒、天候難以捉摸，無功而返。

1908年，52歲的皮爾里，再次帶領23位包括漢森在內的探險隊員、19部雪橇和133隻雪橇犬，組織補給隊，大規模展開第三次的極點探險。他再度搭乘「羅斯福號」由紐約啟航，最終補給隊於北緯87度45分處撤退，最後僅剩的五部雪橇載著6名隊員向北挺進。

他們越過了冰原，抵達距離北極極點僅約8公里處，大約是位於北緯89度57

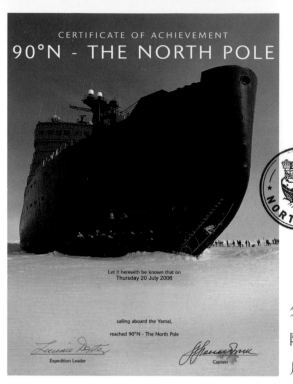

分，皮爾里一行，終於望見無數探險家們企盼的北極極點已經近在咫尺。皮爾里宣稱：他和4個愛斯基摩人，以及漢森抵達了極點。

　　他們測定了位置，一鼓作氣登上了北極極點，這項壯舉一圓他終生的夢想，將美國國旗插在世界之頂，國旗的一角寫著：「1909年4月6日，抵達北緯90度。皮爾里。」並在日記中寫下豪語：「……北極！終於到了！可說是極地探險家們三個世紀以來夢寐以求的最佳獎賞，也是我畢生的志向和夢想的最終實現！」

　　現在，我們這些旅人到達極點時，除了可以體會並感受到當初那些探險家的狂喜，來自海天一隅的大夥，也各自將帶來的國旗旗幟撐起高舉。大家不遠千里而來，終於能夠代表自己生長的那塊土地，親自擁抱這片雪白大地，並致上無限敬意，那份難以忘懷的心靈悸動，深植在每個人的心中。

CERTIFICATE OF ACHIEVEMENT

Let it here with be known that

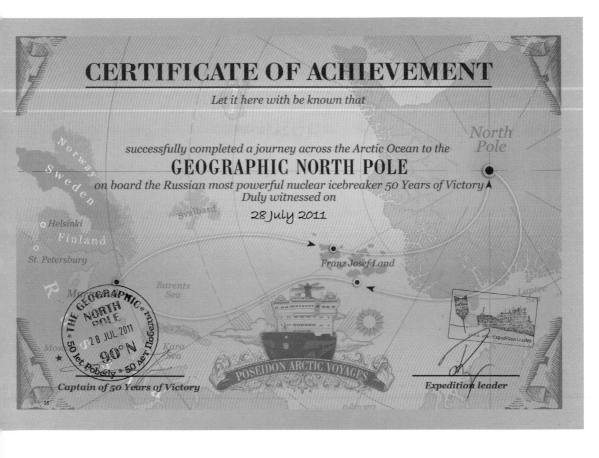

successfully completed a journey across the Arctic Ocean to the

GEOGRAPHIC NORTH POLE

on board the Russian most powerful nuclear icebreaker 50 Years of Victory
Duly witnessed on

28 July 2011

North
Pole

Norway

Sweden

Helsinki

Finland

St. Petersburg

Svalbard

Franz Josef Land

Barents
Sea

Kara
Sea

Laptev
Sea

THE GEOGRAPHIC
NORTH
POLE
28 JUL 2011
90° N
50 let Pobedy * 50 лет Победы

Expedition leader

POSEIDON ARCTIC VOYAGES

_____
Captain of 50 Years of Victory

_____
Expedition leader

35

抵達正北極 90 度極點，興奮喜悅和那份成就感，洋溢在每一個旅人的臉上。

©N.SAVELYEV, PAV

戰爭啟示錄

　　莫曼斯克（Murmansk），是個蒙著悲傷和神秘面紗的城市。它因戰爭而誕生，也終將背負時代巨輪下的使命，彷彿與和平肅穆的北極相較，感到些許格格不入。

　　當第一次世界大戰爆發時，為了連結俄羅斯內陸至北冰洋不凍港的鐵路，以便運輸軍事戰略物資，莫曼斯克成為重要的海軍基地。到了二次大戰時，莫曼斯克成為政府當局與西方世界的運輸橋樑；到了冷戰時期，又自然轉型為蘇維埃政府海軍核子潛艇和動力破冰船的基地……，它也隨著潮起潮落和時代更迭而變換角色，力搏求存。

　　莫曼斯克是北極圈內規模最大的城市，也最接近北極點。由於洋流途經於此，加上長年的海洋氣候，成為終年不凍的港口。夏季開始進入沒有黑夜的「極晝」時光，氣溫涼爽，大約在攝氏十度之間，完全感受不到北極圈的冰封酷寒。

　　然而就算是美景當前，在這裡可千萬別心存僥倖，因為只要舉起相機、按

莫曼斯克的戰士紀念碑。

下快門，不出幾秒鐘，武裝警察早就以迅雷不及掩耳的速度飄到身旁，板起臉孔，疾言厲色地要求你將照片一張張的刪除！那份肅殺之氣，真的會讓人當場飆出一身冷汗。

因為，在前蘇聯時代，莫曼斯克並未對外開放，甚至連當地公民也不得隨意進出，所以將軍港莫曼斯克作為核子動力破冰船破冰之旅的起點，頗符合俄羅斯的作風。

為了紀念因捍衛江山而犧牲的軍人、水手和飛行員，俄羅斯在全城最高處矗立了一座「戰士紀念碑」，那個身披戰袍、肩扛來福槍、奮勇抵抗德軍入侵的雄糾糾的戰士，宛如巨人般的屹立在山丘上。

雕像前，時有擺放鮮花製成的悼念花圈，紀念碑的前方燃著「不熄之火」，象徵戰士的精神不死。令人驚奇的畫面是，有許多新婚夫妻前來拍攝甜蜜的婚紗照，似乎以「不熄之火」的熾熱與永恆，作為地老天荒的愛情見證！

港灣外，猶如核子動力破冰船的展列室，有時船隻會停泊在此進行維修保養。已功成身退的第一代核子動力破冰船列寧號（NS Lenin），自1989年退休以來，長期停靠港灣外；因破冰船是俄羅斯政府所有，所以將它改為博物館，以展示堅實而強大的硬體和軟體，但我私下忖度，其實是想藉此顯示強大的軍事戰力吧！自1959年列寧號啟航以來，至今航行在北極冰洋的「50週年紀念號」，已經是第九艘核子動力破冰船了。

站在港邊望著這艘退役的船隻，仍是傲然卓立，好像在宣稱自己寶刀未老，還能繼續為國效力，彷彿陣亡的將士依舊不肯倒下，用槍枝強撐住自己的軀殼，換取最末的尊嚴。我在心裡默默祈求，希望戰爭的號角別再響起，此起彼落的戰

鬥讓它就此停歇，更祈願莫曼斯克命運的悲歌，能夠就此走入塵封的歷史，讓戰禍永遠止息。

核子動力破冰船

在北極汪洋厚厚的冰層上，遠遠看見一個紅色小點，一路發出低吼聲，像紅色鯊魚般，勢如破竹地朝目標前進，直搗北極極點，這就是堪稱「海上巨無霸」的核子動力破冰船。

核子動力破冰船擁有和一般船隻不一樣的船體外觀；結實、粗短的船身能闢出較寬的航道，因船頭特別堅硬，能抗擊厚厚的冰層，船殼用鋼材製成，堅固無比。

氣勢磅礴、威風凜凜的破冰船，總是讓旅人們充滿好奇，期待敞開神秘大門，以便一窺全貌。

終於，可以跟著工程師的腳步，一步步地往下層甲板前進，直到鑽進位於海平面下9公尺處，接著又穿梭在曲折的迷宮中，來到警備森嚴的機房重鎮──核子反應爐引擎室。這裡有兩座壓水式核子反應爐，可產生75,000匹馬力的動能，只需用少許的核能燃料，即可產生大量的能源，燃料體積小，運輸和儲存都很方

核子動力破冰船石破天驚的破冰景觀。

便，既無空氣污染，過程中也不會產生溫室氣體，當然前提是安全措施必須非常完善。

控制室中心由優秀的核動力科學家和工程師負責，全天候都有專人隨時監控。接著進入蒸汽渦輪機間，工程師詳盡的為大家介紹，如何將核燃料鈾棒由核子反應爐嵌入，進行核分裂並釋放出大量熱能，蒸氣渦輪發電機將水加熱變成蒸汽，再靠高壓蒸汽去推動發電機和引擎，以轉動推進系統至破冰船底下方的冰刀和螺旋槳推進器，有時還會不斷地噴灑高溫蒸汽熱水，以利切開冰層，所以，可

以輕易地破開厚達幾公尺的冰層……。

　　沒想到我們在北冰洋的移動式海上璇宮，船底卻悄悄地進行著浩大的工程，就像母親推動搖籃的手，推動著破冰船一步步向前挺進。

　　破冰船的船頭、船尾和船腹兩側，都備有大的水艙，作為破冰設備。遇到冰層，就把船頭翹起爬上冰面，靠船頭部分的重量將冰壓碎。若冰層堅固，破冰船便會往後倒退，然後開足馬力猛衝過去，直到把冰層衝破。遇到冰層衝不開時，破冰船會開動馬力很大的水泵，將船尾的水艙灌滿，因為船的重心後移，船頭自然會抬高，這時，船身稍向前進，將船頭擱在厚冰層上，再把船尾的水艙抽空，同時把船頭的水艙灌滿。這樣，本來船頭的重量，加上打進船頭水艙裡的幾百噸水的重量，再厚的冰層也會被壓碎，破冰船船體再將碎冰擠到後頭，慢慢持續地不斷前進，在冰上開出一條水道。

　　特殊設計成弧狀的勺形船首，加上特別強化的船身，足可承受快速撞擊冰層

時所產生的衝擊力。船上還備有海水淨化器，可提供飲用水及全船所需食物。自此，核子動力破冰船的神秘面紗漸漸掀開，不論是裝置的設計、機械的維護、縝密的運作、旅客的安全，都有技術工程人員層層把關，我們可以安心地躺在它溫暖的懷抱，航向極點。

結束導覽回到甲板，有人下結論說：「所以，核子動力破冰船是專門載旅客來北極旅遊的囉?!」工程人員立即說明原委：原來北極極點的破冰船觀光之旅，始自蘇聯解體前後。冷戰時期，破冰船是西伯利亞北部海岸運補船隻的前導艦，主要是為突破厚達數公尺的冰層開出航道，需要強大的核子動力作為後盾，因為造價高，全球僅有蘇俄、芬蘭、挪威、加拿大等國有能力建造。1991年後，才固定在每年的夏季數月間作為觀光用途。

我們聽得目不轉晴，不僅為核子動力破冰船石破天驚的破冰技術嘖嘖稱奇，原來它還肩負著如此重責大任，抬頭看著眼前這個紅色巨無霸，不禁讓人肅然起敬。

等待奇蹟

　　當我們在極地旅遊時，處處是驚喜，沒有什麼是確定的，也正是這種氛圍吸引著旅者收拾行囊，再度啟航。

　　也唯有讓心飛翔，才可以自由放任地面對意外的驚喜。人生不也是不斷的試鏡過程，讓我們將心放空，以樂觀的態度面對每一椿意外。

　　清晨，在一片白茫茫的霧中，隱約望見近在咫尺、矗立於海中央的泰戈多夫海角（Tegetthoff Cape）。但就只有那瞬間，一片濃霧飄過，海角又被霧所隱沒。

　　我們彷彿回到了1872年，探險家發現位於約北緯80度法蘭士約瑟夫地島群（Franz Josef Land）的光景。

　　當年，當時奧匈帝國的皮耶（Julius Payer）中尉和維普瑞契（Karl Weyprecht）搭乘「泰戈多夫號」（Tegetthoff）駛離德國海港遠征，就在出發後不久，在巴倫支海北方不遠處被冰層困住，並停在冰原上隨海水向西北方漂浮數月之久。經過約一年的光景，追逐海冰那一成不變、單調貧乏的生活，因為一個突如其來的驚

破冰船迫近玄武岩峭壁旁，讓大家可以觀賞海鳥群聚。

核子動力破冰船載走了旅客，極地又恢復了往昔的深邃寧靜。

喜而徹底改變了！「大約近中午時分……」皮耶事後回憶：「我們像平日一樣，倚著船板站在甲板上，眼神呆滯且無目的地向逐漸散去的霧中眺望。突然，西北方的霧驟然散去，矗立的岩石立刻進入眼簾。還來不及回神的瞬間，眼前為之一亮，一片正沐浴在陽光下的偉岸山脈和壯麗冰河橫在眼前，有幾秒鐘的時間，大家目瞪口呆地看著這令人歎為觀止的景色，無法言語，更不敢相信自己的眼睛。激動地喜極而泣，不由自主地狂叫：『我們看到陸地了！我們看到陸地了！』」

　　時光隧道由探險家的發現回到現實。極地航行時，有時烏雲密佈、有時強風凜凜、有時巨浪濤濤、有時雪花飄飄，瞬息萬變轉換成黑白世界。於是我們了解：在極地必須面臨不同的等待，等待濃霧散去、等待強風停止、等待陽光出現、等待美景重現。

另類的化粧舞會

　　當破冰船跨越北緯80度時，也跨越了心中的磁北極，破冰船一路向前，和北極極點的距離也越來越近，我的內心也隨著波濤而澎湃起伏。

　　有個古老的希臘神話如是傳頌：掌管海洋的海王普賽頓，以三叉戟主宰海域，擁有無上權威，能撼動大地，當他大發雷霆時，只要將三叉戟輕輕往地上一震，即可呼風喚雨，輕易粉碎任何船隻，但當他駕著金色馬車在海上馳騁逍遙時，彈指間就能撫平風浪，海面頓時風平浪靜。

　　極地海象詭譎難測，只見探險隊長隻身進入龍宮，跪在頭戴皇冠、長鬚怒放的海龍王面前，雙手獻上高貴的酒與來自熱帶的水果貢品，謙卑地向海龍王祈求：「請您應允我的請求，賜給我通往北極極點的鑰匙，讓我能順利地帶領全船的人，在您廣大無邊的法力下，安全地航向90度地球之頂！」……面對這般魔幻寫實的場景可別驚訝，這可是船上餘興節目的經典序曲。

　　此時，平日蕭穆的演講廳頓時變成海洋最深處的華麗宮殿，紅珊瑚點綴成的

魚網、珍珠鋪設的大地、像火焰般奔放的花朵，連樹木結出的果實，都和金子一樣閃亮！

　　如同演講廳一般，平時沉穩睿智的探險隊員和船員們，紛紛褪下現實生活中的角色，閃進神話國度，重拾孩童時期的稚氣，使出渾身解數，變換不同角色，有長髮披肩的人魚公主，亮麗神采顛倒眾生；而最討喜的北極熊正搖頭晃腦走來，脖子上繫著鮮紅領結，顯得神氣十足；更有從南極遠道而來的企鵝寶貝，迪士尼小美人魚各種歡樂場景，依序在眼前繽紛上演。旅客們也沒閒著，每個人手背上還需加蓋通關密章，才能進入前往極點的秘密海域通道……，船上所有的人都沉浸在童心未泯的歡騰氣氛裡。

　　拜了碼頭、通過試驗，探險隊長終於代表大家，接下了海龍王的恩賜：通往地球之頂的神聖鑰匙……，然而，慶典尚未落幕：BBQ晚宴才正要在船頭甲板上開始呢！在凝結的冷空氣中，牽引蠢蠢欲動的味蕾和嗅覺。這時有人輕鬆地斜倚

欄杆，或者聚在甲板上的長桌旁，悠然遠眺冰雪佐餐，美食美景相得益彰，愜意無比。

　　在這片最寒冷的區域，卻有著最熾烈的情感，大家完全放開融入歡愉的活動中，在此奔放流動，恰似「冰」與「火」的交會。這就是極地的獨特魅力——每樣東西好像都含藏著微妙的小開關，等待感知被觸動開啟，不僅帶來感官上的衝擊，也讓心靈自然沉澱，找到簡單的快樂，一如那不可預知的神秘禮物！

同心圓──We are the world

位於正北極極點，就像站在世界的屋頂，你往任何一方指，都指向南方。

每趟極地旅遊，平均都會有來自二十幾個國家的成員，約佔全世界一百九十多個國家中的百分之十，大家手牽手環繞成一個圓，頓時血液竄流，忽然間天、人、地合一，忘卻了大家來自不同的國家，有著不同的背景，同心圓裡有的只是共同的夢想和期待，以及共同的責任與使命，要將極地的寧靜和感動帶回現實生活，與眾人分享。

當 "We are the world" 的旋律響起，大家跟著探險隊長的口令，循著逆時針方向繞著圓周小步邁進，「現在我們的腳下正踏在俄羅斯的土地……，」往前幾步，「……現在正踏在美國的土地……」亦步亦趨地再往前，最後倒數計時，「……我們即將踏上南極的淨土……，」就在這短短幾分鐘之內，我們彷彿繞行了地球一周，此刻世界就像是個微型縮影，人與人之間似乎只存在著簡單的距離，不分彼此，足跡已然鮮明地烙印在正北極極點90度的雪地上，音樂聲持續

大家心手相連環繞成一個同心圓。

播放，但我的旅行時鐘此刻卻停格了，眼前霧濛濛的泛起水氣，逐漸模糊了雙眼……。

我們並未因已繞行世界一周而停頓下來，大家的手握得更緊了，堅定地期待下一次的約定，也期待每一個人都能記得彼此的約定！而大家所穿著的大紅外套，彷彿是極地熱情的一團火燄，鮮明又熾烈。

像是運動大會的啦啦隊舞，或原住民的豐年祭活動般，這些來自不同地域的人們，大家手牽手、心連心，圍成一個同心圓，就如同我們在生活上或工作上，

許多事都需要藉助旁人的力量一樣，唯有心手相連，才能成就同心圓的歡樂氣氛、完整無缺。

　　想起莫曼斯克的紛紛擾擾，人們因為戰事撕裂了情感，相較於眼前「四海一家」的融洽景致，令人不勝欷歔。站在北極極點上，一望無際的地平線，是我最初到最後的地平線，帶我走過了南極，又帶我走到了北極，像是一份莫名的牽繫，證明我和極地久遠的約定，在白色大地的另一邊，當黑夜悄悄溜走，永晝再度降臨時，我們便即將相見。

瓶中信——時空寄情

每當佇立極地，彷彿自己置身於人間外。北極，看似冰凍毫無生命，其實北冰洋隨著海流不斷活動，在那裡，能夠看到巨大的冰嶺，大塊的浮冰從中斷裂，透出湛藍的海水，常讓人為之驚豔也為之魅惑。北冰洋宛如一條大河，貫穿了所有記憶，流過亙古的冰山，穿過千年的層冰，歲月的斑斑滴痕，冰山底下遠古、震懾的聲音，彷彿來自太初的永恆禮讚。

是否曾嚮往「瓶中信」的神秘故事？現在就讓自己成為主角，親身體驗，在這裡不分國界，不分年齡，不分性別，寫下自己心底的願望，誠心的、真摯的等待有緣人出現。

在這一大片蒼茫雪白中，旅者們靜靜俯首，將千絲萬縷的飽滿情緒，化為隻字片語，小心摺疊放進「時空膠囊」中。此刻，只見大家專心地振筆疾書，或許是給至親所愛的一封短箋，或是對未來的期許，不管有沒有特定的接收對象，這些懸念和愛的祝福，將隨著洋流的推波助瀾，傳遞到地球的某一個角落，帶給全

在眾人的見證下，時空膠囊即將沉入北極極點的海底。

世界幸福的宣言。

　　是什麼樣的突發奇想，讓極地擁有這樣的浪漫情緣？又是什麼樣的科技材質，能讓時空膠囊永存於北極海底隨波逐流？是誰會於千年之後，收到此來自千古的時空膠囊？又是什麼樣的感動，在遙遠國度的陌生人心中發酵？

　　時空膠囊宛如瓶中信，由核子動力破冰船上與核子反應爐外殼相同材質的不鏽鋼所製成，充滿了科技時尚感，它的堅硬與冰洋的浩瀚深邃，足以完整且安全地將我們內心的渴望，持久封存，等待日後奇蹟似地重返大地。

　　這些不能說的秘密，只有北冰洋洞悉一切。當號角響起，探險隊長在四位前導隊員們的護送下，在倒數聲中昂然向前，小心翼翼地將捧在手心的時空膠囊拋向大海。在眾人的見證下，大家屏氣凝神，看著它沉入北極極點的海底；此時此刻，萬籟俱寂，只聽到噗通、噗通聲此起彼落，就像漣漪般逐漸擴散。

　　這時我環顧四周，有人閉目沉思、雙手合十、虔誠禱告，也有人神情愉悅輕

號角聲響起，捧著時空膠囊的探險隊長昂然向前。

拍雙手……，我知道大家的想法一致，祈願這份微弱但至誠的心念，能夠上達天
聽，直到遙遠的將來，依舊眷顧、守護著這屬於我們唯一的藍色星球。

Traveler

極境旅人

I came, I saw, I conquered ！

在這片遠離人群的白色大地，

也是與星空對話的小小星球，

讓靈魂追尋那被遺忘的勇士戰歌……。

朝夢想出航

在演講活動中，常會有人好奇問我：到底是哪些人才會參加極地旅遊? 在大家主觀意識下認定都是有錢有閒之人。其實，有人動機單純只為圓夢，有人則醞釀許久，背後蘊藏曲折動人的故事，往往超乎我們想像！

前行政院環保署署長張隆盛先生，是台灣少數走遍大江南北，足跡遍布世界六大洲，並同時踏上過南、北極地的學者。多年前，有幸在船上認識他，之後也陸續為他安排多次極地行程，發現他不但學術涵養豐沛，而且非常喜歡大自然，看著他專注的寫下每一個記錄，詢問每一位探險專家，細心敏銳的觀察動植物的一舉一動、一草一木的生命遷徙，以及大地的變遷。不論是在因浪濤而傾斜搖晃的圖書室，或是在風雨肆虐的甲板上，每個角落都會看到他的身影。至今，他陸續出版了四本有關南北極的著作，秉持著探險家的精神，追隨探險家的足跡，前往極地，為的是去瞭解、感受及征服。

由於對大自然有一份特殊的情感，加上留美期間適逢環保意識抬頭，以及所

學建築之專業，都與自然環境的整體維護及發展相關，因為抱著堅持負責的態度，以自然保育為最大之前提，被譽為台灣的「國家公園之父」。服務公務長達四十年，退休後致力推動環境教育，旅行也更加頻繁。在每一次的旅程中，很享受聽他訴說一些自然界的知識，就算是第一次到達這個地點，他也能藉由豐富的學養告訴我們所沒注意到的事物；從旅行中，他也觀察到在全球氣候變遷下，極地氣候受到極大影響，並在地形地貌及生物生態上產生巨大變化，而這些變化，將帶給全球環境和生物圈無可逆料的變動與災難。在實現夢想的同時，他試著喚起世人對氣候變遷的關注、對南北極物種生存的關懷，更關心你我的明天。

　　生活簡樸，堅持可以讓大自然更好的作為，這是讓人最深刻感動的地方，因為我可以感受到他是真正的用心關愛大自然，且親身去實踐，並能樂觀地面對挫折，這無一不是我想要學習、想要追求的目標。在他身上看到了穩健紮實、認真的過每一天，也開啟了我關注極地的使命，朝夢想出航，永不放棄，永不嫌晚。

生命的迴旋

　　最近一次的極地之行，正要登船之際，突然聽見一個熟悉的聲音，回頭一看，我簡直不敢相信，尋聲找到那矯健爽朗的身影，確認是他——瑞尼！當年我首度前往極地時的探險隊長，堪稱是我的啟蒙老師！

　　是什麼樣的時空，讓這緣份在南北極交錯?! 我仿如走進時光隧道，時間由遠拉近，回到1998年與瑞尼的初次相遇，令人悠然神往的，是瑞尼那一段與極地相戀的故事……。

　　出生於荷蘭的瑞尼，主修森林自然保育，畢業後，他開始雲遊四海，尋訪野生動物和特種鳥類，但自孩童時期就對北極熊情有獨鍾，為了親睹北極熊，他抓住機會，在船上充當雜役，只為完成幼年時的夢想，前往斯匹次卑爾根島一探北極熊。當他回到文明世界後，深知自己的生命已與極地緊緊相扣。1991年，再次前往地球的另一端——南極，以自然學家和導覽員的身分深入極地。自那時起，瑞尼經歷了二百多趟的航行，足跡遍及南北極地以及大西洋洋脊沿岸島群。

我與瑞尼宛如候鳥一般，往返地球兩端，與極地結下不解之緣。

Spitsbergen July

To Carol,

It's been a pleasure to sail with you in the ice of Spitsbergen on board the Plancius.

Best wishes and hope to see you again somewhere in the ice.

Rinie

Polar Bears
of Spitsbergen / Svalbard

Rinie van Meurs

這些地方就像瑞尼家的後花園，每年秋季時分，當加拿大極區哈德遜灣（Hudson Bay）的北極熊開始活躍時，瑞尼便蠢蠢欲動，帶隊探尋北極熊的蹤跡，他的熱忱始終有增無減。在這麼多回合的探險過程中，邂逅了上千隻北極熊，但他仍舊無法抗拒「北極之王」的迷人魅力！

　　十多年來，我與瑞尼宛如候鳥一般，往返地球兩端，皆與極地結下不解之緣。如今，他不僅是一位不可或缺的優秀探險專家，更將豐富洗練的極地經驗，彙集成書，讓更多的旅者，有機會分享他的生命故事，這份驚喜將永遠值得我珍藏回味。

極地情緣

　　曾任極地考察隊員的琳達，每年約有半年以上時間，被派至南極科學研究站作研究，她害怕暈船、無法承受極地嚴寒冷峻的氣候，但為了工作，只好勉力而為。直到有一天，她的人生有所轉變……。

　　幽默健談的中年男子，雖來自異鄉卻感覺如此熟悉，接連幾天由琳達負責接待，介紹科學站的一切，朝夕相處也深深被他吸引，不知是前世的緣份牽引，還是極地的氛圍如此，離開前邀請琳達幫他工作，她毅然決然地下定決心放下一切，遠赴太平洋的彼岸，選擇為愛奔走他鄉。

　　後來在陰錯陽差之下，男子問琳達願不願意為他再重返極地工作？天啊！老天爺跟她開了好大一個玩笑，為了讓一切變得有所轉圜，為了讓愛持續燃燒，她答應了！又如往昔般重返極地，飽受暈船之苦，也只能往肚裡吞，看在旁人眼裡，為她感到委屈，但她卻樂此不疲，就只為了那曾在極地遇見的熟悉背影，愛使她滿心期待，將拍碎的浪花，散於極地的海平面上，來填補這最末空缺。

　　雖然極地促成這段因緣，但是也嚴格的考驗了他們為了理想所願意付出的代價及毅力。

　　日前在報紙上看見一篇她的專訪，羸弱的身影依舊，腦中立刻浮現出當年對她的印象，再厚重的雪衣也無法掩藏她的瘦弱纖細，再大的風雨也無法阻擋她為愛革命，常常關著房門抱著馬桶暈吐，但人前永遠保持堅強自信，看到她那堅定的眼神，對於她勇敢追尋夢想，所牽引出的極地情緣，我靜默無語了……。

極境
光年

極地誘惑

　　出生於望族的保羅，隻身前往極地次數之多，令我好奇到想了解他的故事。因為，每年到了極地旅遊季節，他總會出現在旅客名單中，終於有一次在船上，有適當機會與他閒聊，忍不住問他：「為什麼每年你都會來極地旅遊？」保羅像似被我發現了他的秘密，露出一絲神秘地微笑，悄悄地說：「因為只有極地才能讓我短暫與世隔絕，在靜謐中療癒心中的缺口，找到自己！」接著娓娓道來屬於他的故事……。

　　人不癡情枉少年。話說當年青梅竹馬且論及婚嫁的大學同學，因當時一點小誤會，導致血氣方剛的他，在父母安排相親下，賭氣閃婚，從此過著一成不變的生活，讓忙碌的工作麻痺自己。

　　後來，因緣際會使他與青梅竹馬相聚重逢，得知她未嫁，一直在遠處默默守候，他說他當下聽到後悔不已，兩人緊握雙手痛哭失聲。說到這兒，頓時發現到他的眼角激動地泛著淚光，雖然看似誤會冰釋，但一切已經太遲了。

　　保羅的心從此不再平靜，多少午夜夢迴時輾轉難眠，想到心都痛了；後來因為妻子久臥病榻，變得沒有安全感，會猜疑且緊迫盯人，讓他無法喘息，但他卻時刻提醒自己，要有責任照顧家人，不離不棄。

　　浪漫多情的我，也為之動容，相愛的人有緣無份，像似看一齣愛情文藝悲劇，漫漫長路的人生學習。也不禁嘆息，極地確實給了保羅一個療癒、沉澱、儲存新能量、新希望的一處極境。

愛的癡狂

　　珍妮對於攝影的狂熱，加上個性追求完美，若去旅遊一趟，無法將美景和感動盡攝入鏡，她會選擇再次出發，直到滿意為止。

　　平常穿著雍容華貴的她，只要一背起相機，可是衝鋒陷陣，連地處文明世界邊陲的食人族所在區，她都無視於他們的存在，在她的眼裡，那是一塊美麗又陌生的島嶼，望眼所及的風土民情，皆是簡單又具生命力的衝擊，對喜愛攝影的她，更是難得的機會，既豐富了人生，也開創了前所未有的攝影經驗。

　　一直到去了極地，她開始充滿狂熱，只要是看到有關極地動物的照片、書籍、DVD，竭盡所能收集在她的百寶箱內，等到時機成熟，她決定載著滿滿的期待前往極地一窺究竟。

　　在極地，她是個專業攝影，每次第一個上岸的是她，最後一趟回船的也是她，雖然身上已背負幾台攝影機和長短鏡頭等重裝備，但仍能身輕如燕，跋山涉水不在人後。只要未能攝入所有經典畫面，她無拒出入數次，為的只是要圓滿人生。

　　性急的她，雖已是前往極地的老手，卻在一次極地之旅中，房門因波濤起伏晃動猛烈關上時，險些夾斷了手指；當時鮮血汩汩而下，她的眼淚也流洩不止，手指的傷口雖然縫合，但船醫要求觀察這關鍵的24小時，若是惡化細胞可能壞死，這也將嚴重影響她往後的拍攝活動。好漫長的夜，她的淚水也未曾停歇，手指連心，傷口雖疼但心更痛，擔心的是今後是否可以再拿相機，還是必須從此斷絕攝影人生。好在老天垂憐，傷口復原得十分理想，也無礙於她最鍾愛的攝影。

　　但一波多折，老天捉弄人，回程時卻在機場等候大廳被扒手盯上，轉眼間將她隨身包裡所有拍攝作品的記憶卡全數扒走，大夥為她狂奔通報航警到處尋找，可惜未能順利尋獲。這個打擊對她而言猶如錐心之痛，再也無法強忍淚水，潰決成河。之後，在一次的攝影展中再度相遇，生性開朗的她，終於又能活躍於攝影舞台。其實旅途不過是人生縮影，沒什麼困難過不去，只有自己懂得放下、放過自己，才能任心自在。只要勇敢向前，才能活得精彩，活得漂亮。

千山萬水總相隨

約翰夫婦總是夫唱婦隨，相約走遍千山萬水，旅途中，總是聽聞他們剛剛才完成旅程，又參加下一個……。約翰常將世界地圖攤在餐桌上，分享他曾去過的國家，並在兩極標示一個圈圈，驕傲的對我說，我來過了！

沒錯，他們夫妻倆短短兩年便花了數百萬去極地，當然也引發我不禁想要一探究竟，是什麼樣的人生體驗，讓這對夫妻還未到知天命的年紀，即看破一切？約翰用平靜的語氣說：「活著的時候用的叫財產，死了以後用的就是遺產。」原來他曾親眼目睹正值壯年、身體健朗的近親，靜靜地坐在沙發上，卻於一秒鐘內撒手人寰。

就是這樣的了悟，看穿時代瞬息萬變與人生無常，唯有把握當下的每一刻，充分體驗人生，這才是真。

此外，也有挑戰醫生建言的女作家，想超越身體的極限，感受擺盪在兩極之間找尋內心的平衡。也有退而不休的追夢者，原來都是為了一生一次的夢想。

　　極地的大山大水，讓人學習沉澱、放棄偽裝。極地是一塊提供療癒之所在。在這裡，一切回歸到最純淨的留白狀態，在這裡，時間像是被魔幻女巫詛咒般於空中停格，也唯有在此地，才可以真誠的面對自我，找回迷失的自己。

　　在輕微搖晃的船上，我胡思亂想的隨筆記下，只希望由極地回航後，還能牢牢地記得，別一轉身，又掉進那個物質架構的現實世界的迴圈之中。

世界地球村

極地，若沒有經旅人的眼睛閱讀過，它只是個名字；所以每一次的極地行，都是透過旅人的心賦予它生命。

加入極地探險行列，人人心中各自有一份領悟，此處並非角力奢華的競技場，反倒像是融合了知性、感性的小型社會，洋溢著淳厚的人文底蘊，每個國家都有自己獨特的氛圍。而在極地探險船上的每一位乘客，包括工作人員都擁有專業背景，這份能力不僅止於技術層面，而是一份落實心靈的歸屬感。比如，年輕的珍曾到動物園擔任義工，日日與獅子老虎為伍，只因她衷心喜愛荒野，嚮往不假修飾的大自然，因此想進一步前往極地探索。而隨船的地質學家善用巧思，將地球46億年的歷史，比喻為一年的12個月份，人類僅在年末才正式登場，這些深入淺出的解說，令人回味無窮。探險隊長除了肩負領隊要務，個性一板一眼，在船艙例行性的義賣會時，卻能立即化身為說學逗唱樣樣精的主持人，幽默風趣的帶動氣氛，這樣一位團體中的靈魂人物，人生的歷練和修為都是不可或缺的。

靈魂人物 ——探險隊員

　　探險隊員中可說是臥虎藏龍、人才濟濟。記得有一回踏上正北極90度，結識一位饒富極地探險經驗的老將——勞瑞。他生於蘇格蘭，因熱愛考古學至加拿大的努納福特區（Nunavut），學習伊努特原住民的方言和求生技能。在船上身為探險隊長的他，擁有超過百次前往南北極地探險的經歷，參與過許多極地探險的活動，包括1988年由加拿大穿越正北極極點至俄羅斯的滑雪活動，更以滑雪的方式橫越北極格陵蘭冰帽及南極喬治王島。

　　另外，他也帶領過探險隊前往北極極點和南極極點。這位勇闖天關熱愛自然的人還多次寫下輝煌紀錄，不但遠征過北極高山和瑞士阿爾卑斯山，還曾經打破數次馬拉松比賽紀錄的創舉。他常將多次的極地第一手寶貴經驗，毫無保留的與旅者分享。每天早晨，他總會朗讀一段小品文章，讓大家從睡夢中悠然醒來，思緒往往隨著詩句婉轉飄然而起，一天的精神能量也由此提升展開。勞瑞早已是極地老將，上百次的極地探險，但面對大家繁瑣的問題，他總是認真仔細地回答，

即使面對一再重複的大小提問，態度依舊專注、從容，我們同舟共濟多次，從他身上我感受到甚麼是「專業權威下那份難能可貴的謙卑」。

　　值得一提的還有迪克博士，專業領域為地質和冰河學，他於1956年加入北美北極組織，持續參加在南極舉行的國際地球物理年（International Geophysical Year）相關的活動，並曾擔任位於南極大陸東岸威爾克斯研究站的冰河研究專家。過去幾年他舉辦了無數次的研習營，包括1997年於奧地利舉行的冰河研究、千禧年於荷蘭舉行的地質研究，以及2001年於太平洋西北部舉行的「冰和火的交會」研究。

　　寶刀未老的他，對於極地情有獨鍾，每年總會選擇幾個航次，來會會極地這個老朋友，他的鬢髮皆霜，像極了帶給人歡樂的聖誕老公公，他的熱情，退而不休，即便已年逾古稀，但當他單腳跪在旅人身旁，只為仔細描述藍冰的奧妙，工作時兩手拎著厚重的雪靴，嘴角的微笑始終如一，這畫面每每令我駐足，為之動容。

勇於圓夢的英雌們

在執行極地旅遊的過程中,需要一群好手的引領和扶持,才有辦法一次次完成任務、使命必達。相信大家也和我剛開始一樣懵懂,認定這些探險隊員八成都是男子漢,需要長期固守專注研究工作,必然就像服兵役一樣。但若依照這樣的邏輯推論,可就大錯特錯了!現代女性不僅能夠擔任探險隊員,甚至足堪擔當探險隊長的重任。

出生於英格蘭的蘇珊大嬸,就是這麼一位巾幗不讓鬚眉的女子。初見時,沉穩的說話聲、略顯豐腴的身材,讓我誤以為比我年長許多,相談後才發現原來她小我幾歲,讓人感覺有些汗顏。一直以來蘇珊培養自己具備國際觀,探訪世界文化和古老文明,不但擁有劍橋大學博士學位,並曾擔任口譯工作,解說地質方面的專業,藉由電腦設計石油和天然氣油田的模型,來預測石油量和開採。

不苟言笑、處事分明的原則,可說是探險隊中的模範生。博學多聞的她,尤其喜愛研究中華文化,甚至餘暇時還開班授課,跟大家切磋「太極拳!」在船上

一角，時而看見這樣的奇妙場景：蘇珊以行雲流水的身段，導引黑髮黃皮膚的華人旅者……在湛藍的海面上，凝聚一股內斂又富衝擊性的生命動能。

達芬妮則永遠保持著法國人特有的浪漫，蒙娜麗莎般的一顰一笑，常讓旅者為之迷醉。對於客人的詢問，她總是不厭其煩的回答，除了微笑還是微笑，大家也因她一貫的從容優雅，萬般憂惱一掃而空。她擁有生物生態學學位，研究範圍廣泛，從大西洋島嶼岸邊的海豹和善知鳥，到南冰洋的殺人鯨和企鵝，都是她研究的範疇。多次帶領探險團隊，擔任學者專家舉辦專題講座，足跡橫跨阿拉斯加、英屬哥倫比亞、東西伯利亞、歐洲、北大西洋和南極等地。對於極區一直懷抱著高度熱情。

閒談中，達芬妮分享她往返於南北極的生命經驗：「在地球僅存少數淨土的環境下，與野生動物相處，改變我以往對生活的觀點。」這也驅使她不斷與人分享對於極區的熱情和專業。達芬妮在探險遊輪上隨船解說，也將長期探訪北極極

點和南極冰區企鵝棲息地的關注，撰文推動環保理念。

熱情開朗的桑妮雅，由於愛好大自然，寓居非洲南部的辛巴威，或許她的那份奔放，就是來自非洲原始莽原的野性呼喚。

她曾多次擔任探險副領隊，熟練的操作登陸小艇，足跡更遍佈全世界。我最懷念的是坐在她駕駛的登陸小艇，那種乘風破浪的颯爽英姿，像似《風中奇緣》的Pocahontas，彷彿世上沒有任何東西能夠阻擋她踏浪逐夢。多年後再次重逢，她的專業幽默未改，一樣的積極樂觀，充滿正面能量，不同的是職務升級了，由原來的助手躍身為獨當一面的探險隊長，個性也變得更為內斂。在工作上的配合度極高，簡直就是個萬能小姐！

凝視著因極地寒風吹颺而略顯乾躁的臉龐，在她們洋溢的笑容中，見證這些現代女性對於工作的執著及熱忱。這些活得精彩勇於探索的姐妹們，任憑風霜雨雪吹拂，依舊絲毫無懼的昂然向前。近距離的工作相處多年，也讓我捫心自省：

同樣身為女性，她們做得到，我也沒有理由懷疑退怯，面對未知，不要輕易逃避
放棄，碰到任何難關，都要學習如何去面對它、處理它！因為再困難的考驗總會
安然度過，再艱難的時刻總會隨風消逝……。從她們的生命經驗裡也淬煉出屬於
自己的座右銘：" You never try, you never know!"

顛覆旅遊的「極女子」

極地特殊的自然天候，堪稱獨一無二，更需要高度專業進行耕耘和領航，旅者捨棄既有的慣性，追求夢想冒險挑戰，而這種極限體驗，和我想要追尋的不謀而合，這些超越日常經驗的成長和挑戰，以及同舟共濟的紮實溫度，讓我衷心喜愛。

多年的工作經驗中，我確切地體認到，「想法脫俗，就能與眾不同！」對我而言，極地旅遊不僅僅是一份工作，也是我的生命，關鍵在於有沒有將心打開。除了好東西要與好朋友分享之外，更須細心觀察，給予超越期望的心靈饗宴，帶給人快樂與心靈滿足，讓我不禁想說：「因為沒有遺憾，所以值得！」

我相信，每次旅程中所學習到的珍貴體驗，需要理性、感性兼顧；除了廣泛蒐集資料事前充足準備，讓風險降至最低，也因女性的細膩敏感，將體驗的收穫發揮到極致。而背後努力的動能，則來自於一顆簡單的心；希望秉持關懷和熱情的動力，讓每一位旅者同好，都能成為極地保育大使。因為唯有親臨極地，親眼

　　見證動植物的頑強生命力，才知地球暖化的影響已威脅到這些可愛的動物，人類要做地球的保護者而非恣意妄為的主宰者、甚至侵略者，才能為這片心靈淨土盡一份心力。

　　南北兩極相差幾近130度之遙，而我卻宛如候鳥一般，往返地球兩端，跨越無數個緯度圈。我也一直在思索規劃，如何能把極地旅遊的精神和內涵，延伸到其他領域，讓旅遊不只是單純的前往某一個地方，還必須深刻體會不同的文化，涵養旅者知識與心靈──這些不只是想法或口號而已，而是我極力思索如何能落實成真的信念與態度。

　　所以，每一次的極地行，都讓我再一次檢視我對旅遊的熱情與用心，只有不斷的督促自己進步，不惜顛覆改變現有的種種，才有機會創造出更讓旅人由衷動心的旅程，因為每一趟旅行的結束，將又是另一次起航的開始，每一次的改變，才有機會是更好的起始──也許這就是我這「極女子」自我要求的使命吧！

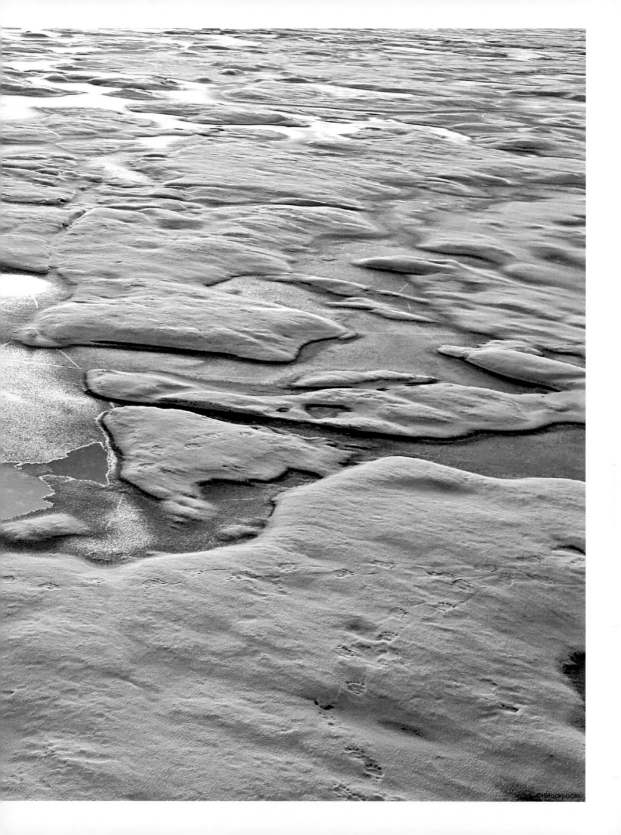

旅客探訪須知

「北極探險遊輪操作協會」（Association of Arctic Expedition Cruise Operators, 簡稱 AECO）是探險遊輪運作者成立的國際性組織。協會的主要宗旨在於確保在北極極區的探險遊輪和觀光旅遊，能夠確實對當地的自然環境和文化史蹟做全盤的考量，以確保於海上或陸地皆能實施安全的旅遊操作。

我們的職責

北極極區內的觀光旅遊和遊輪造訪，皆受到國際性和全國性法律所規範，以確保環境的安全和保護，當然，協會的成員有義務遵守法規，而且，操作者對於正常法律規範內或超出的活動或行為皆需負責，北極探險遊輪操作組織制訂了一套完整的操作須知，以期能夠尊重、環保、友善、安全地探險旅遊。

旅客的職責

旅客必須細心閱讀並遵循操作守則中的一些基本須知，其中包括安全防範的措施和不同文化社交的考量。

基本須知

1 請勿留下到此一遊的蹤跡

請勿留下任何垃圾。小至一根煙蒂或在岩石、建築物上塗鴉，勿堆積石堆、重新擺置石頭或以任何方式留下曾經到此一遊的跡象。此外，也請留意您的腳步，避免走出一條明顯足跡，以保護花草，盡量避免踐踏植物和花床。

2 請勿帶走任何物品

為了維持自然原貌，保護極區文化的遺蹟，請旅客留下石頭、骨頭、鹿角、漂木以及其他原本就在這裡的物品。

3 請勿驚擾動物和鳥類

盡量遠離動物和鳥類，避免驚擾到牠

們。若接近動物和正在築巢的鳥類時，請低聲談話，避免製造聲響。在小艇登陸、上岸時，基於安全考量和保護野生動物，會控制人數以及和野生動物之間的距離。每一個船隊的探險隊長將協助指導，務請遵從指示，協助保護各種野生動物。

4 請勿摘花

北極某些地區的植被是受法律保護的，有些地區則否。但我們認為所有北極的植物皆需受到保護，任何旅客不得摘採花草或其他植物。

5 遠離文化遺跡

不但文化遺跡受到法律保護，且周遭方圓100公尺內也被視為保護區。不論行走或站立時，請留意觀看或繞道行走，不要在文化遺跡中穿梭。且勿帶走任何文化遺跡中的物品，或碰觸或重置文化遺跡中的物品。

6 嚴肅地看待北極熊的危險性

北極熊是一種具有潛在危險性的動物，但牠也很容易受到傷害。務請遵從領隊的指示，在北極熊出沒的地區，切實注意危險標誌和行為準則。

7 尊重當地文化和土著

造訪當地村落時，請牢記「您只是一位旅客」，請尊重當地原住民和在地文化。

8 安全第一

北極區域的旅遊可能涉及不同的危險，首要原則為旅客必須隨時留意和遵循探險隊長或領隊的指示，切勿脫隊。

安全

北極熊和防衛步槍的安全規範

在北極熊出沒的區域，隨時隨地都有可能遇到，雖然北極熊通常會避免與人類相遇，但牠們有潛在的危險性，也容易受到

傷害。為了盡可能確保旅客和動物的安全，務必遵守以下安全規範：

• 切勿遠離團隊，隊長有完善的配備以保護旅客安全。

• 看到北極熊時，請勿靠近，保持冷靜立刻告知領隊。

• 請勿隨處丟棄食品，避免北極熊聞香而來。

• 務請遵循隊長指示。

登陸小艇注意須知

• 無論在何時何地都必須穿妥救生衣。

• 不論搭乘或離開登陸小艇，一次只容許一位旅客站立。其他人於指定位置坐妥。

• 以水手握姿，握緊工作人員的前手臂，且一次只能允許一位旅客上、下小艇。

• 所有設備和個人物品必須綁緊，以確保物品不會掉落。

北極兔

根據資料顯示，確有北極兔出沒，可能是某些動物（北極狐、北極狗和北極狼）將北極兔帶入極區。不論是活的或是死的動物，都請勿觸摸。

北極狗

在許多北極小鎮或部落裡，都有許多北極狗。牠們都是工作犬，並不是寵物，對於陌生人而言具有危險性，所以，未經許可且未在主人或馴狗者的監督下，切勿靠近、拍摸或餵食北極狗。

文化和社交互動

不要期待會發現任何與家中熟悉的事物，因為離開家是為了探索不同的人事物。多數人來到北極極區，期待看到野生動物、偏遠小鎮以及原始的伊努特人部落。在北極極區，只有一些小鎮和原始部落有路可通，一年中大部分的時間無法和外界聯絡，所以，這裡和世界其他人口稠

密或工業化的地區，有著截然不同的自然生活樣貌。

對於極區內小而偏遠的小鎮或原始部落，遊輪進港往往是一件備受矚目的活動，當地居民對遊輪和旅客皆存好奇心。而北極極區觀光旅遊也正迅速發展，主事者皆需了解觀光旅遊的發展可能對當地社群帶來經濟、社會和文化的影響。不論旅遊操作者和造訪的旅客都應該彼此尊重地互動，並為當地所獲利益負責。

尊重與了解

觀光旅遊是不同文化背景的人們相互學習、包容的最好方法。造訪不同文化背景的國家時，旅客發覺有別於自己家鄉的事物時，請不要以自己的感觸、標準和價值觀，對當地文化妄加評斷，請試著了解各種文化本質上的不同。

· 請放下自我的偏見，尊重當地的文化。

· 請尊重隱私；與當地人的居所保持距離；請勿由私人窗戶偷窺或拍照。

· 請直接與遇到的人交談，切勿私底下竊竊私語。

· 未經許可，請勿靠近墓地或其他屬於宗教或文化遺址區。

· 拍照前，務必先取得同意，若對方有所遲疑，答案即是「不能拍攝」。

· 請勿擅自移動石堆，它可能是路標。

· 請勿以物易物或輸入違禁品至極地社區。

· 鼓勵旅客購買當地紀念品和產品，但請留意將其帶往別的國家的合法性。例如：1973年3月於美國華盛頓簽署針對野生動植物瀕臨絕種種類的國際貿易協議（CITES）。

附錄二
北極科學研究站

挪威國王海灣公司

Kings Bay AS，具有新奧爾松聚落的擁有權和營運權，並將新奧爾松設為國際自然研究基地，其中有來自世界十個國家的研究機構於此設立研究站，大部分的國家和研究機構會定期來此勘查進行研究工作，但並非所有研究站都會派遣人員長期駐守。

挪威極地機構

Norwegian Polar Institute, NPI，於1999年在史瓦卓普研究站（Sverdrup station）設立。主要功能為研究基地和新奧爾松聚落各科學研究單位的協調者角色，史瓦卓普研究站的主要研究區域包括科學計畫的設備運作和維護，長期或短期研究觀察方案，提供造訪的科學家研究設備。此外，挪威極地機構專門研究與新奧爾松其他研究單位不同的計畫。距挪威極地機構

南方約數公里處，位於齊柏林山的齊柏林研究站（the Zeppelin station, NILU）同為挪威極地機構所擁有，目前有工作人員長駐在此。

德國極地海洋研究基地

Alfred-Wegener-Institut für Polar–und Meeresforschung, AWI，1991年在科德威研究站（the Koldewey station）設立，主要研究區域為生物、化學、地質和大氣物理。基地並設有臥房、辦公室和客廳。此外，德國極地海洋研究基地並運作NDACC觀測站（NDACC-Observatory），此觀測站主要為物理研究以及對流層和平流層化學變化研究。

法國極地機構

Institut Paul Émile Victor, IPEV，於1999年在查理斯・羅勃基地（Charles Rabot base）設立。基地內設有臥房、辦公室以

及合乎科學家標準的實驗室，主要研究區域為大氣科學和生命科學，距法國極地機構東南方約五公里處，有另一個研究基地——珍‧柯貝爾（Jean Corbel station）同為法國所運作。此基地特別塑造為純淨無污染的基地，以研究大氣科學為主，並扮演輔助齊柏林研究站的角色。

2003年起，德國極地海洋研究基地和法國極地機構合併運作，新的研究站名為AWIPEV，以便提供更多的研究活動。

挪威製圖管理局

Norwegian Mapping Authority, NMA，自1992年起即為新奧爾松的永久基地。接近小型飛機跑道的電波望遠鏡就在旁邊，天線可以明確地估計新奧爾松在地球的相關位置，並使用穩定的類星體作為訊號傳輸。由這些測量結果可得知地球自轉的速度，並可預測地震和海嘯，通常挪威製圖管理局會做一些維持一星期的實驗，並與世界其他做類似研究的單位聯繫，由美國國家航空暨太空總署（NASA）出資，並由挪威製圖管理局測量部門負責天線觀測。目前有工作人員長駐在此。

英國南極調查局

British Antarctic Survey, BAS，代表國家環境研究委員會（National Environment Research Council, NERC）於1991年在新奧爾松設立研究站。研究站通常開放時間為每年的4至9月，主要以研究地球科學和生命科學為主。來訪的科學家可前往設備齊全的實驗地採取樣本和資料，冬季時不開放，春秋之際，則有一位專責人員駐守。

挪威國王海灣海洋實驗所

Kings Bay Marine Laboratory, KBML，於2005年設立，由挪威的國王海灣公司

（Kings Bay AS）所擁有和運作，為世界上最北的海洋實驗所。主要研究生態、生理、生化以及海洋、地質等物理科學。實驗所設有多間可做不同實驗的實驗室，有控制室溫和水溫等實驗變數的裝置，亦可於海水中和燈光中作實驗。

日本國家極地研究機構

National Institute for Polar Research, NIPR，設立於1990年。主要是研究北極環境、大氣物理、地球生物、海洋學、冰河學和氣象學，幾乎全年都有日本科學家來訪，但並未派遣人員長期駐守。

中國北極黃河站

Yellow River Station，由中國南北極地研究中心（Chinese Arctic and Antarctica Administration, CAA）於2004年設立，是中國在北極建立的第一個科學研究站。主要研究氣象學、太空觀測、冰河學、海洋生態學和北極環境研究。考察站目前已經建成極光觀測實驗室、固體地球與大氣環境監測實驗室、生態與雪冰環境監測實驗室、分析實驗室，研究站幾乎全年都有科學家來訪，但並未派遣人員長期駐守。

韓國極地研究機構

Korean Polar Research Institute, KOPRI，2002年在大山研究站（DASAN station）設立。進行各項研究活動，主要做環境研究、冰河冰緣地形學、水文學和大氣化學。研究站設有實驗室、研究冰河的船隻設備和辦公室，並未派遣人員長期駐守。

荷蘭的葛羅尼根大學北極中心

Arctic Centre of the University of Groningen, UiG，於1995年在新奧爾松設立了實地研究站。此中心推廣研究區域廣泛，但主要研究生態學，特別是自1990年起即專注於研究白額黑雁（barnacle goose）。夏季時，約有三、四位工作人員駐守，冬季則不開放。

義大利國家研究中心

National Research Council of Italy, CNR，於1997年在新奧爾松設立義大利狄瑞吉波基地（Dirigibile Italia），中心設有實驗室和辦公室，主要研究氣候變遷，有關冰和海洋沉積對環境氣候影響的研究，以及大氣、生物、水氣和地質間的物理機制，目前並未派遣人員長期駐守。

印度南極和海洋國家研究中心

National Centre for Antarctic & Ocean Research, NCAOR，於2008年設立。自2007起印度南極和海洋國家研究中心，和挪威的國王海灣公司商討設立印度位於新奧爾松的永久基地，並派遣探險隊員來此探勘，此後研究活動頻繁，且定期派遣新的探險隊員來此。

愛蒙森－諾比利氣候變遷高塔

Amundsen-Nobile Climate Change Tower，於2009年設立，這也是新奧爾松另一個重要設施。它是由義大利國家研究中心發起設立，並負責科學研究計畫，而塔台的建立則由挪威的國王海灣公司負責，主要是研究觀察大氣層，但也開放讓科學家作其他領域的研究。

極境光年：穿越時空，看見夢想的力量 /耿婕容著,
初版—台北市：大塊文化, 2012.1
面；公分. –(Catch系列；183)
ISBN 978-986-213-317-0(平裝)

1遊記 2北極

778.9   100026371

Catch 183

極境光年
穿越時空　看見夢想的力量

作　　者：耿婕容
內頁繪圖：劉旭恭
責任編輯：李濰美
美術設計：集一堂
文字校對：李小鈴‧蕭名芸‧楊菁‧趙曼如
法律顧問：全理法律事務所董安丹律師
出 版 者：大塊文化出版股份有限公司
地　　址：台北市105南京東路四段25號11樓
網　　址：www.locuspublishing.com
讀者服務專線：0800-006689
TEL：(02) 87123898　FAX：(02) 87123897
郵撥帳號：18955675
戶名：大塊文化出版股份有限公司
版權所有　翻印必究

總 經 銷：大和書報圖書股份有限公司
地　　址：新北市新莊區五工五路2號
TEL：(02) 89902588 (代表號)　　FAX：(02) 22901658
初版一刷：2012年1月
ISBN 978-986-213-317-0
定　　價：新台幣 300元
Printed in Taiwan